PATRIZIA SETTEDUCATI

DIVINE CONNECTION

Trova La Tua Essenza Liberandoti Da Emozioni, Paure, Blocchi, Superando Il Vuoto Interiore Per Realizzare Una Vita Meravigliosa

Titolo

"DIVINE CONNECTION"

Autore

Patrizia Setteducati

Editore

Bruno Editore

Sito internet

http://www.brunoeditore.it

Sommario

4

Dedico...

Dedico questo libro ai miei meravigliosi genitori che mi hanno sempre permesso di ascoltarmi, di essere me stessa e di seguire il mio cammino, dispensando suggerimenti saggi e discreti, senza farmi sentire troppo 'strana', nonostante i miei doni fuori dal comune. Sono le migliori guide che possa immaginare.

A mia sorella, di sangue e di Anima, che mi ha accompagnata nel mio cammino aiutandomi a guardare dentro me stessa, a crescere e che mi ha fatto sentire in ottima compagnia su questo pianeta.

A tutte le persone che si sono affidate a me e che mi hanno permesso di aiutarle ad intraprendere un cammino di crescita interiore.

Storie di successo

 **Ester Castagnetti** Dal mio primo Live sono passati 9 mesi,  e il mio entusiasmo, la mia gioia e la mia gratitudine x questo dono 💗 meraviglioso che è la Divine Connection aumenta ogni giorno .

Ogni giorno mi meraviglio di quello che ho lasciato andare, mi stupisco di quello che scopro di me😌
E la cosa più bella è che vivo le emozioni dolorose al 💯, ma bastano pochi secondi e il dolore svanisce, la paura scompare e torno nella gioia di vivere, che non vuol dire vivere senza problemi 😆, ma non farsi schiacciare da loro☀️✨🔍
Mi sto " anche" permettendo di avere dei sogni ☀️🍀🌸🌟🐞💗
Ora si ha senso vivere🖤🖤🖤🖤🖤

Love · Rispondi · 1 s   OO 13

 **Jessica Ronga** Dopo il live di Reggio è cominciata la mia seconda vita... Grazie Patrizia, grazie team, grazie Divine Connection 💗
Non ne resterete delusi se sarete pronti ad aprirvi e a lasciarvi andare alla semplicità con cui potrete cambiare la vostra vita e il vostro modo di vederla!

Love · Rispondi · 1 s   OO 7

 **Eliana Frattini** Con la Divine Connection ogni cosa è più semplice: i problemi che sembravano insormontabili li affronto con determinazione e con la consapevolezza di riuscire a superare qualsiasi ostacolo. Grazie Patrizia 😘

Love · Rispondi · 3 s   OO 2

 **Annalisa Esposito** · 51:24 La divine connection fa davvero MIRACOLI... Ho sciolto tanti blocchi, difficoltà, sentimenti che mi limitavano di vivere liberamente... eppure non ho mai pensato di lavorare sul rapporto di coppia.
Non so perché non ci ho mai pensato!

Ali Spiegate
Ciao a tutti, volevo condividere con voi le mie prime Divine Connection: ho iniziato ieri e non riesco più a smettere 😄.
È incredibile e inimmaginabile la forza della Divine Connection, a tal proposito volevo ringraziare Ester per aver insistito, nel farmi fare questa esperienza meravigliosa.
Grazie 🤍
Un grande abbraccio a tutti
Daniela
PS: fate quante più Divine Connection potete, vi farà stare meglio.

25 min   Mi piace   Rispondi   OO 3

Natalia Radica
La vita é veramente una magia da quando ti conosco. La Divine Connection è veramente la Wi-Fi più veloce in assoluto, non ha eguali 🏆🏆

Grazie Patrizia 🔝🔝🔝 💯💯💯

25 min   Mi piace   Rispondi   OO 3

Daniela Priseceanu
Da quando lavoravo con la la DC ho ritrovato la voglia di mettermi in gioco, di sperimentare, di esplorare senza "sé" e senza "ma". Sto rivedendo le dirette, prendo appunti, sono più attenta alle mie emozioni e alle sensazioni, insomma mi sono messa all'opera!!! 😄 E, anche se, non ho ancora le idee chiare su' quel grande progetto, so che ci arriverò perché io non mi arrendo mai, mi posso distrarre un po' ogni tanto 😄. Il mio obbiettivo è manifestare la miglior versione di me, la migliore di tutti i tempi e tutte le dimensioni ! E dopo aver fatto questa dichiarazione cosi importante vado a lavorare anche sulla CONGRUENZA !  Grazie per le tue condivisioni che sono sempre di grande ispirazione ! Un abbraccio e buon pranzo a tutti

5 h   Mi piace   Rispondi   OO 4

Eddi Yamini Maletti
io amo la primavera, sono nata il primo giorno di primavera, ad Aprile però inizia la mia allergia , ora devo dire che dopo tanto lavoro su di me , non è più violenta come tanti anni fa.
Una mattina mi alzo e mentre sto andando a lavorare in macchina , mi arriva una crisi allergica , penso ok passo dal medico e prendo la ricetta per l'antistaminico, nello stesso istante però mi dico…. ma perché non faccio una DC??? E allora ancora mentre guidavo, comincio a fare il processo e inizio ad espandere, entro dal medico chiedo la ricetta, e in sala di attesa mentre aspetto , chiudo gli occhi ed espando, salgo in macchina vado al lavoro e…. mi accorgo che sto molto meglio, respiro bene, e sopratutto gli occhi non pizzicano più!!!
Ho quindi preso una decisione con me stessa, quest'anno voglio superare questo limite, voglio vincere le mie allergie!!! E allora ho iniziato a fare la DC su di esse, e sulle emozioni che nel l'adolescenza, e forse nel mie DNA, me le hanno scaturite
Ho abbinato un mix di olii essenziali (menta, limone, e lavanda, che ispiro, alla mattina.)
In questi 2 mesi ho preso 5 pillole di antistaminico, invece di 50!!!!!
E il lavoro continua…..
grazie a voi
Sono felice di avervi incontrato!!
Un abbraccio e a presto!!
Mi mancate!!🤍

Caterina Muller
Grazie Patrizia per la Meravigliosa e Magica Esperienza, che porto nel Cuore.🤍

Mi sento cambiata, molto più attenta, a ciò che mi succede e i segnali che mi arrivano. Quando ho incertezze, con la Divine Connect arrivo alla verità' di ciò che la mia anima desidera.

Sento di avere un sentiero, tutto mio che trasformo ogni momento con le mie scelte.
Un sentiero pieno di fiori, da Ammirare. 🌿

Il dono più bello per me, è averti riconosciuta.🤍Immensa🌈

5 h   Mi piace   Rispondi   O 1

Rosa Bellotti DC

Buongiorno Anime Belle...Da ieri Continuo a stare in Divine State senza interruzione, tornata a casa ho fatto di tutto di più, con serenità, senza ascoltare il sonno e la spossatezza...senza avvertire stanchezza... cioè della serie...quando sei in D. State nn accusi più bubu'...anche se ci sono nn le ascolti...sono illusioni... xché sei, veramente in "Presenza" , su un'altra dimensione... ma grazie alla Kundalini, anche radicata a terra...

15 anni di Alchimia con tosti esercizi di Gurdjeff per ottenere Presenza...ci sono stati risultati ..ma piccoli piccoli ...in confronto a tutto questo...

3 giorni di Intesivo di D.C. ha generato tutto questo??!!! Incredibileee...eppure è successo... eccome se è successo!...

Buon flusso ragazzi...danzate la Vita e vibrate con il vostro ♥ e tutte le vostre cellulee!

La chiave ce l'abbiamooo...Basta usarla...

09:00

< **Velia Gentili** ▶ **Divine Connection** ...
Ieri alle 19:01

Buon pomeriggio a te Patrizia e a tutto il gruppo... sono 5 giorni che mi e' arrivato il libro, pertanto sono 3 giorni che ho iniziato a fare il metodo che e' descritto all'interno del libro... ho lavorato sulla rabbia per una situazione che avevo con mia madre... Ieri l'ho chiamata al telefono ed era allegra il contrario di come e' di solito, oggi sono andata da lei e e' stato stupefacente mi sembrava un'altra persona...possibile che lavorando su di me io la vedo in modo diverso? Comunque sia e' assolutamente meraviglioso...
GRAZIE !!!!

Introduzione

"Io non conosco preghiera più bella di quella che concludeva gli antichi spettacoli teatrali dell'India: ...possano tutti gli esseri viventi essere liberi dal dolore...".

Arthur Shopenhauer

Perché questo libro ti cambierà la vita!

27 marzo 2018, Kuala Lumpur
Proprio poco fa, mentre ero in meditazione, ho ricevuto un messaggio da una delle mie guide spirituali: l'Arcangelo Michele, che mi ha intimato di iniziare SU-BI-TO a scrivere questo libro.

La mattina del 26 novembre 2017, mentre mi trovavo in Andalusia, sono stata contattata dalle mie Guide che mi hanno detto: "Scrivi, abbiamo molte cose da dirti!". È arrivato un fiume di informazioni, che erano la risposta a ciò che attendevo da circa un anno (o forse da sempre).

Ho iniziato a prendere appunti, l'emozione era davvero forte, finalmente tutto aveva un senso… Ora sapevo cosa fare!

Quando l'Arcangelo Michele mi ha intimato che il giorno per cominciare a scrivere il libro, in merito a ciò che avevo iniziato a ricevere a novembre del 2017, era proprio oggi e non domani.
A nulla sono valse le mie proteste: "Ma cosa scrivo?" chiesi io un po' lamentosa. "Lo saprai quando scriverai!".

Mi ha bloccata qui nell'appartamento a Kuala Lumpur, con un nubifragio colossale per assicurarsi che non uscissi e non mi distraessi. La mia Guida sa sempre essere convincente e con l'esperienza ho imparato ad ascoltarla: in tutti questi anni ho constatato che ha sempre avuto ragione.
Infatti eccomi qui a scrivere questo libro, che renderà possibile il miracolo che stavo aspettando per te e che sapevo esistere sin da quando ero bambina.
È un libro che nasce proprio per permetterti di andare oltre e superare tutte quelle barriere che finora ti hanno bloccato nella vita:
- oltre la paura, la sofferenza e il dolore connesso alle tue ferite,
- oltre la mancanza di amore e di gioia di vivere che hai speri-

mentato nei conflitti nelle relazioni, con il denaro e con la vita,

- oltre la paura del fallimento, il pensiero di non farcela, di non meritare, di non valere abbastanza, di non essere all'altezza nemmeno di realizzare te stesso e i tuoi sogni,

- oltre la confusione, lo stato di blocco, il sentirti perso nella vita, oltre quel vuoto connesso alla paura di non poter dare un senso alla tua esistenza,

- oltre la mancanza di amore per te stesso, per il tuo corpo, oltre a tutto ciò che ti allontana dall'essere chi davvero sei…

…e per aiutarti a:

- manifestare te stesso e i tuoi doni, trovare la tua strada e dare un senso alla tua vita, facendo ciò che ti piace con passione e realizzando i tuoi sogni,

- essere di esempio, contribuire aiutando gli altri per creare un mondo migliore,

- realizzarti economicamente, avere successo, prosperità, abbondanza,

- vivere in pace, con serenità, sperimentando armonia e centratura, presenza e consapevolezza,

- aprire il cuore per imparare ad amare te stesso e gli altri, vivere relazioni appaganti e magari trovare la persona giusta per te,

- connetterti con te stesso e con le tue parti più profonde, scoprire, essere e manifestare la versione migliore di te stesso.

Ti do una bella notizia: tutto questo è possibile ed è molto più facile di quello che tu possa pensare. Per raggiugere tutto questo e molto altro ancora è importante che tu possa incontrare davvero te stesso e sperimentare il tuo stato naturale.

Quando arriverà quel giorno t'innamorerai di te stesso, della vita, percepirai chi sei e la tua esperienza in tutta la sua magia.

Sentirai la connessione con l'esistenza e potrai finalmente manifestarti, realizzarti ed essere chi davvero sei: un meraviglioso Essere Divino che ha scelto di crescere, di andare oltre tutti i suoi infiniti confini compiendo un'esperienza terrena, che diventerà magica. Quindi leggi e segui passo dopo passo, ciò che troverai in questo libro...

Quanto hai letto finora ti potrà sembrare una meta impossibile. Comprendo i tuoi dubbi, sono sempre stata scettica ed ho sempre avuto bisogno di prove, di 'toccare con mano' prima di potermi fidare, così ho fatto anche questa volta ed è proprio quello che suggerisco anche a te. Magari hai già fatto molte esperienze tra corsi, libri, metodi, o magari sei alla prima esperienza, il tuo dubbio è lecito, non ti chiedo di credermi, anzi, ti suggerisco di non fidarti, fanne esperienza diretta!

D'altronde, se non hai avuto modo di fare esperienza attraverso i miei video, workshop o sedute individuali (sebbene ne faccia sempre meno), non puoi sapere quanto ciò che svolgo per te, con l'aiuto degli Esseri di Luce, sia pratico e ti possa far manifestare risultati tangibili e spesso immediati.

Immagina: come sarebbe se quello che ti sto descrivendo lo sperimentassi direttamente e ti desse la chiave di svolta della tua vita?

Tutto in questo libro è semplice e pratico: la descrizione dei passaggi, le storie che troverai, il metodo che gli Esseri di Luce mi hanno trasmesso, affinché tu possa mettere subito tutto in pratica per ottenere risultati tangibili. Se ne farai tesoro, ti renderai conto che è tutto ciò che ti serve per realizzare una vita piena, appagante e felice, oltre ogni tua aspettativa, sia a livello terreno che spirituale.

La tua vita si trasformerà in un modo che tu nemmeno riesci ad immaginare… Pace, consapevolezza, presenza, abbondanza, saggezza e gioia saranno parte della tua esistenza. Alcune emozioni spiacevoli non esisteranno quasi più o sarai in grado di lasciarle andare in pochi minuti o addirittura in pochi secondi e sarà anche molto piacevole.

La Divine Connection (DC) ti metterà in contatto con il significato della tua esistenza e ti condurrà all'estasi, lo stato che ti manca dal momento in cui ti sei incarnato. Ti basterà scegliere di metterla in pratica, sarà come mangiare un gelato al cioccolato o qualsiasi cosa ti piaccia, senza farti ingrassare.

Puoi arrivare allo stato che, in alcune discipline, gli iniziati impiegano decenni a raggiungere, e potrai sperimentarlo, sin dalla prima volta, in pochi minuti!

Quando inizialmente ho condiviso il metodo in alcune conferenze, anche le persone che non avevano mai meditato, sono riuscite ad entrare nel Divine State: lo stato che si raggiunge con la Divine Connection, in soli 8 minuti!

Se questo libro è capitato tra le tue mani, non hai più scuse per soffrire. Dopo quest'esperienza, vorrai sempre stare in Divine State e intanto, attorno a te le cose cambieranno, magicamente.

Creerai una vita bella e gioiosa. Ti sentirai finalmente a casa, potrai dire addio al vuoto esistenziale, ti sentirai consapevole e realizzato, ti sentirai in grado di manifestare qualunque cosa. Si svilupperanno le tue parti più belle, la tua sensibilità e, se sarai pronto, anche la sensitività; sarà un bellissimo viaggio alla scoperta di te stesso e delle tue infinite possibilità.

Questo libro è interattivo, colmo di spunti e di esercizi facili, pratici, veloci e soprattutto efficaci! Va usato come un manuale e letto fino all'ultima pagina, perché non sai dove potrai trovare le informazioni che cambieranno la tua vita. Gli esercizi che troverai nel libro sono potenti e funzionano, ma, ahimè, solo se li metterai in atto. Quindi pratica!

"Forse l'azione non porta sempre felicità, ma non c'è felicità senza azione".

Benjamin Disraeli

"Ma Patrizia, come faccio? Io non ho tempo!". Proprio perché 'non hai tempo' è importante che non getti la tua vita e che ti prendi il tempo sufficiente per migliorarla.

> *"Non dire che non hai abbastanza tempo. Hai esattamente lo stesso numero di ore in una giornata che sono state date a Michelangelo, Pasteur, Madre Teresa, Leonardo da Vinci, Thomas Jefferson e Albert Einstein".*

H. Jackson Brown Jr.

Non hai tempo, eppure lo sprechi in attività inutili, solo per riempire il vuoto interiore, che non proveresti se utilizzassi il tempo per trasformarti da chi non sei a chi sei, per crescere, per creare la vita dei tuoi sogni.

"Ormai è troppo tardi, è andata così… Cosa vuoi che faccia alla mia età…". L'ho sentito dire anche da persone di trent'anni…

> *"Non è mai troppo tardi per essere ciò che avresti potuto essere".*

Charles Eliot

Solo tu puoi decidere che non vale la pena e condannarti a sprecare la tua esistenza. Anche se credi nella reincarnazione, ricordati che è nel presente che crei il tuo futuro, sia di questa che delle prossime vite. Anche se dovessi avere novant'anni vale sempre la pena di vivere bene che sia un giorno, una settimana, un mese, un anno, dieci anni o una sola ora. Ti auguro di comprenderlo subito, per rendere magica la tua vita e non doverti un giorno pentire di non averlo fatto!

Ti lascio subito il link che ti permetterà di entrare nel gruppo chiuso di Facebook Divine Connection, dove potrai ricevere supporto e contenuti: http://bit.ly/gruppo-divine-connection

La lettura del libro è già un'esperienza trasformativa, potresti sentire l'energia lavorare su di te durante la lettura…
…figuriamoci se farai anche gli esercizi!
La vita è lo specchio di chi sei tu e della tua evoluzione spirituale. Sai qual è la cosa più spirituale che tu possa fare? Vivere un'esperienza bella, magica, abbondante, provare gioia, pienezza ed appagamento, quindi… Vuoi farti il piacere di essere spirituale?

Non ha senso 'volare con gli Angeli' e fare un'esperienza di vita tremenda. Spesso incontro persone che sono convinte di essere 'spirituali' che mi dicono: "Io sono 'nel percorso' da più di trent'anni…", sanno tutto sui chakra e su tutte le divinità indù; poi chiedo loro com'è la loro vita, ed ecco che mi dicono: "Non sono felice, non riesco a dare un significato alla mia esistenza, non riesco a pagare le bollette".

Utilizzano la 'finta spiritualità' come una fuga dalla realtà alla quale non riescono né ad adattarsi, né a trasformarla, né a coglierne i doni. Il risultato è un'esperienza ben lontana dalla felicità. Molte persone hanno problemi di soldi, problemi relazionali e fanno un lavoro che detestano… Non si rendono conto che in questo modo creano la loro realtà e che ciò che si manifesta nella loro vita è la cartina tornasole della loro vibrazione e di ciò che sono.

L'esistenza vuole che tu possa tuffarti completamente nella vita, godertela tutta, a trecentosessanta gradi, sporcandoti le mani con le tue esperienze, che tu possa sentirti parte di essa, che tu possa assaporare ogni istante della tua esperienza terrena… fino a quando, un giorno, avendo davvero vissuto, realizzato e sperimentato tutto ciò che potevi, sentendoti pienamente appagato ed inebriato dalla tua esperienza, essendoti permesso di essere ed esprimere pienamente chi sei, deciderai di andartene e di tornare a casa pieno di gioia per la meravigliosa ed entusiasmante vita che hai vissuto.

L'unico modo per entrare in 'questo mondo' è lasciar andare la razionalità: la tua mente non può comprendere lo Stato Divino e la magia verso la quale ti porterà, puoi solo sperimentarlo direttamente. Quindi ora lasciati andare e inizia questo viaggio con me, lascia che ti prenda per mano e ti accompagni verso te stesso...

Ti chiederai perché faccio tutto questo? Me lo chiedono in molti! Ho vissuto tanti cambiamenti, stravolto la mia vita, ho vissuto con la 'V' maiuscola e mi sono messa in gioco molte volte. Poi ho rimesso tutto sul piatto, perché non era ancora ciò che sono venuta a fare qui, non pienamente, e quindi via tutto, tutto da capo...

In molti mi hanno chiesto perché non ho continuato a lavorare nella moda, avevo una carriera avviata a livello internazionale, avevo successo, viaggiavo molto, vivevo una vita invidiata da tutti. Eppure a me mancava qualcosa e, quando ho ricevuto il 'la' dalla mia Guida, ho rimesso tutto in discussione, a quasi 40 anni! Ma perché tutto questo?

Sento di potere e di 'dover' fare qualcosa, lo sento sin da quando ero bambina, ed ora che è chiaro non mi esimo di certo!
Ecco perché sto scrivendo questo libro, per aiutarti nel tuo cammino di risveglio e trasformazione, per portare tutto questo a te e a più persone possibile, per toccare il tuo cuore, per rianimarlo, per aiutarti a sentire che è possibile anche per te!

Sì, tu puoi creare una vita magica! Libero dalle illusioni della sofferenza, puoi vivere la tua esistenza, in unione e in pace, connesso a te stesso, agli altri e al Divino, essendo la versione migliore di te stesso… E con te possono farlo tutte le persone che ti circondano. La vita è un dono e come tale va vissuta.

Tutto questo è possibile se ti apri a cambiare ciò che non sei in ciò che sei profondamente.

Immagina tutto questo espanso a tutta l'umanità…

Immagina un mondo di persone risvegliate…

Immagina un mondo migliore…

È giunto il momento di fare le cose seriamente e di rendere questa Terra un luogo di pace, dove poter vivere liberi ed essere se stessi, dove tutti possano dare un senso alla propria esistenza e raggiungere benessere e felicità. Se tutti noi ci connetteremo a noi stessi ed al nostro Stato Divino tutto questo sarà possibile!

Immagina… un mondo di persone che vivono in pace, connesse alla propria parte più saggia, consapevoli, in armonia, in uno stato di unione, in grado di godere della bellezza della vita, dello scambio tra gli esseri umani, che esprimono se stessi e i propri talenti nella gioia, connessi a ciò che davvero è importante nella vita, lontano dalle dipendenze e da ciò che rende l'uomo schiavo, dove ogni essere ha il suo posto…
Riesci anche tu a vederlo?

Questo potrà avvenire solo se anche tu farai la tua parte… e la tua parte è essere felice! E tu, vuoi fare la tua parte, godendoti la vita per rendere possibile anche questa magia?

22

Ricorda…

"Una delle cose più tristi della vita è arrivare alla fine e guardarsi alle spalle con rimpianto, sapendo che avremmo potuto essere, fare e avere molto di più".

Robin Sharma

"Ci sono solo due giorni all'anno in cui non puoi fare niente: uno si chiama ieri, l'altro si chiama domani, perciò oggi è il giorno giusto per amare, credere, fare e, principalmente, vivere".

Dalai Lama

Decalogo per ottenere risultati migliori

"Nell'atto di fede c'è sempre un momento in cui bisogna chiudere gli occhi e buttarsi in acqua con cuore intrepido e senza garanzia apparente".

Paul Claudel

1. Leggi questo libro con mente aperta e libera da ogni pregiudizio. Sii aperto, permettiti di farti permeare da quanto stai per scoprire e di andare oltre ciò che conosci per fare il salto quantico che cambierà la tua vita.

2. Ricordati che l'unica esperienza che vale è la tua!

3. Lascia perdere il giudizio degli altri e anche il tuo: il giudizio parte sempre dalla paura.

4. Con la Divine Connection potrai lasciar andare qualsiasi cosa. Qualsiasi cosa! Ricordalo!

5. Il tuo atteggiamento determina il tuo risultato.

"Che tu creda di farcela o no, avrai comunque ragione!"

Henry Ford

6. Tutto si può sciogliere e, se non accade subito, accadrà presto. Non arrenderti mai!

7. Non basta applicare il metodo una volta, ripeti il processo fino a quando diventerà naturale e veloce… e poi continua.

8. Hai tra le mani la possibilità di connetterti col Divino e di arrivare a sentirti divinamente, non accontentarti di niente di meno! Tu lo meriti!

9. La magia è a portata di mano, continua a praticare per sciogliere e cambiare stato, per lasciar andare il vuoto esistenziale e per entrare nello Stato di Grazia, anche quando ti senti già bene.

10. Questo processo ti permette di far emergere la tua versione migliore e cambiare il Mondo per renderlo un posto migliore grazie alla tua trasformazione. Il Mondo, che è fatto da esseri umani, attraverso la loro trasformazione può cambiare.

Bonus:

11. Tu sei responsabile del tuo destino. Il risultato di ciò che crei nella tua vita dipende da te. Qui trovi tutti gli strumenti che ti servono per cambiare la tua esistenza, la percezione che ne hai e il tuo Mondo: sono strumenti potentissimi e molto efficaci. L'unico difetto che hanno è che funzionano solo se li utilizzi, quindi fanne buon uso, hai in mano il potere di cambiare la tua vita e non solo!

Fa' sì che la responsabilità non ti renda colpevole, bensì potente oltre ogni limite.
Diventa il Creatore Consapevole della tua vita!

Che tu possa aprirti a sperimentare e manifestare questa magia e sia pronto a ricevere tutti i bellissimi doni che la vita ha in serbo per te!

Capitolo 1
Smetti di sprecare la tua vita!

"Quando scoprirai chi sei, riderai di ciò che credevi di essere".

Buddha

1.1   Il vuoto esistenziale

- Ti è mai capitato di sentirti male e demotivato, tanto da non sapere cosa fare?

- Ti è mai capitato di non riuscire più a cogliere il senso della vita e di sentirti privo di entusiasmo e gioia?

- Hai mai sentito così tanta stanchezza in merito a tutti i tuoi problemi o al dolore da aver avuto voglia di gettare la spugna?

- Hai mai sentito che la tua vita un significato e che senza quel senso tutto ti sembrava spento e vuoto?

- Hai mai provato un senso di profonda solitudine, come se fossi solo al mondo e non riuscissi a sentirti compreso, percependo gli altri estremamente distanti da te e da ciò che ritieni importante?

- Ti è mai capitato di sentire quel pesante senso di vuoto e non riuscire a colmarlo in nessun modo?

- Ti è mai capitato di non riuscire a trovare un motivo per alzarti dal letto e pensare che dormire, magari in modo definitivo, avrebbe eliminato tutti i tuoi problemi e placato la tua sofferenza?

So che non ti è estraneo quanto sto per raccontarti e che ti sarà capitato più volte di sentirti scoraggiato, quasi con la voglia di abbandonare tutto e di metterti a dormire per smettere di provare tormento e sofferenza, che in determinati periodi della tua vita sono stati presenti in modo così rilevante.

Ci sono stati forse anche momenti in cui hai provato un gran senso di vuoto e non sapevi cosa fare e come superare quella sensazione di blocco che ti portava a sentirti immobile. Magari, in molti momenti avresti voluto dormire, magari per sempre…

Ci sono moltissime persone che vivono nel dolore e che non sanno come uscirne. Queste persone non hanno le risorse per uscire dalla sofferenza, che sembra una costante nella loro vita, tanto da non riuscire ad immaginare uno stato di pace e di quiete così lontano dalla loro consueta condizione.

Spero che tu non sia una di queste persone e, se dovessi riconoscerti in questa descrizione, sappi che come te, tante altre persone si trovano in situazioni in cui non riescono a trovare una via d'uscita che spesso sembra una meta irraggiungibile.

Magari, consapevole che in certe situazioni è necessario farsi aiutare, ti sei rivolto ad ogni sorta di medico, naturopata, maestro di Feng Shui, coach, guru, astrologo, o a qualche cartomante, con la speranza che potessero fare qualcosa per aiutarti a guarire da questo 'mal di vivere' dal quale non riesci ad uscire.

Forse hai avuto delle delusioni profonde nella tua sfera affettiva e hai smesso di fidarti degli altri, forse perfino di uno dei tuoi genitori. Hai ricevuto un piccolo o grande dolore, o addirittura un tradimento, per poi rivivere questa ferita con i partner e con le persone importanti della tua esistenza.
Potresti ricordare qualche momento difficile o addirittura un

trauma della tua infanzia, che ti ha segnato e che non riesci a lasciar andare, dal quale partono alcune tue reazioni di attacco o difesa, scatenate dalla paura di rivivere quell'esperienza.

Ci sono molte esperienze che possono aver intaccato lo 'stato naturale' di amore, nel quale ci troviamo quando siamo immuni dalle ferite della vita. Lo stato naturale lo perdiamo nel momento in cui ci incarniamo. Questo accade già prima della nascita: durante la nostra permanenza nella pancia della mamma, facciamo da spugna delle emozioni materne e subiamo noi stessi i traumi che la mamma vive in quel periodo.

Molti conoscono l'eredità genetica per quanto concerne gli aspetti delle malattie, ma sottovalutano gli aspetti sottili connessi al karma familiare e ai traumi, che ereditiamo a livello genetico dai nostri antenati attraverso il DNA e che ci influenzano, tanto da compromettere la nostra esistenza. Per non parlare dei traumi delle vite passate, di cui, a meno che tu non abbia una predisposizione atta a fare esperienze regressive per superarli, non potrai mai liberartene; assumerai invece alcuni comportamenti che non riesci a comprendere e che derivano proprio da queste esperienze.

Qualunque essere umano ha subito traumi, delusioni ed è stato ferito. Quando un evento riapre una delle tue ferite, si risvegliano le memorie dei traumi del passato, provocando un'emozione dolorosa o una reazione, spesso incomprensibile.

Proprio per la moltitudine di cause all'origine di una ferita, comprenderai perché è complesso individuarne la natura e anche la soluzione. È normale che questo possa crearti delle difficoltà nel superare molte situazioni di disagio e di dolore presenti nella tua esistenza.

Questa situazione può portarti frustrazione, non facendoti vedere la possibilità di trovare una soluzione, soprattutto quando è tale da impedirti di percepire il significato dell'esistenza, di esprimere la tua vera Essenza o di trovare il modo di realizzarti. Ci sono molte possibilità che tu possa vagare all'infinito senza arrivare a nessuna soluzione. So che non è quanto vorresti sentirti dire, ma purtroppo è così che funziona. Le soluzioni non sono semplici da trovare e soprattutto non esiste nessuno che, senza la tua piena collaborazione, possa fare qualcosa per te, figuriamoci arrivare a guarirti dalle tue ferite o dal tuo 'mal di vivere'.

Non ci sono soluzioni a questo tuo disagio, almeno non in queste modalità, non nel modo che tu hai pensato essere risolutivo.

Nessuno può farti 'volare' se tu non sei pronto a farlo e soprattutto se tu non credi sia possibile. Questo deve partire da te! In questi tempi in cui tutto è veloce tanto da non lasciarti lo spazio nemmeno per respirare, in cui ti è stato insegnato che bisogna essere rapidi e prestanti, in cui non c'è tempo per fermarsi, in cui anche il tuo tempo libero è stato riempito da mille cose che non danno un senso alla tua vita e nemmeno colmano il tuo vuoto interiore, l'unica soluzione per raggiungere il tuo benessere è un passaggio in controtendenza.

Ti sei riempito la vita di cose da fare, cose inutili, cercando rimedi per uniformarti e adattarti a qualcosa che non ti appartiene. Cerchi di soffocare il dolore di una vita vuota tra un aperitivo ed una lezione di pilates, limitando le tue possibilità, smettendo di sognare e annullando la possibilità di trovare chi sei realmente e di realizzarti pienamente.

Questa è un'epoca in cui non puoi fermarti e che ti porta a volere tutto e subito, nella quale bisogna fare in fretta e non hai tempo per sentire.

Ti è stato insegnato che esiste una soluzione veloce per tutto, magari con una pillolina puoi allontanare il dolore, la depressione, il tuo vuoto esistenziale, i sintomi, quegli allarmi che il tuo corpo e la tua Anima ti mandano come segnali, per avvisarti che non puoi continuare a vivere in quel modo e che c'è qualcosa che non va nella tua vita.

Tu con una pillolina pensi di cavartela e così non senti più nulla, ti isoli dalla vita e da tutti quei provvidenziali segnali che il tuo corpo e la tua Anima ti inviano, per cercare di risvegliarti dalla vita di 'plastica' alla quale ti sei adattato.

Magari sei andato oltre tutto questo o magari no. Quante persone attorno a te si trovano in questa situazione e quanto influenzano la tua vita ed il tuo insuccesso nell'andare oltre quello stato di dolore, d'insoddisfazione e di mancanza?
Pensaci bene…

1.2 Che cos'è il dolore?

"Non sai che ognuno ha la pretesa di soffrire molto più degli altri?"

Honoré de Balzac

Il dolore è una sensazione connessa alle ferite che hai subito nel tuo passato, prima o dopo la nascita, in questa o in altre esistenze, tue o dei tuoi antenati.

La sofferenza, connessa alle ferite emozionali che hai subito, ti porta a percepire delle sensazioni nel corpo ed è proprio per non sentirle che, in situazioni di disagio, cerchi di fuggire.

Queste ferite si innescano attraverso situazioni che agiscono come pulsanti che, stimolati, le attivano (i trigger).

Ti sarà capitato di avere reazioni forti, anche esagerate in alcune situazioni e potresti aver notato che gli schemi in cui si attiva il dolore (e quindi anche la tua reazione) sono spesso gli stessi.

A volte, le reazioni sono opposte: sono di sottomissione, d'accondiscendenza e di rinuncia ad esprimere te stesso e le tue esigenze, per compiacere gli altri e non subire nuovamente la ferita di abbandono e di rifiuto.

Il dolore è collegato alla paura di rivivere qualcosa che hai vissuto in passato e che ha generato delle sensazioni spiacevoli nel tuo corpo. Quando temi di rivivere qualcosa, abbassi le tue vibrazioni e puoi fungere da magnete per le situazioni che temi, innescando una profezia auto-avverante.

Posso dirti che la tua storia non è causa del tuo malessere, ma il tuo malessere crea la tua storia!

Il dolore e il disagio che provi hanno una funzione benedetta: farti capire che nella tua vita c'è qualcosa che non va.

Se invece di opporti ad essi, di contrastarli o di sfuggirgli, ascolti il messaggio che accompagna queste sensazioni, puoi comprendere che nascondono un dono prezioso.

Il dolore è anche frutto della tua resistenza a ciò che è, e che tu ed il tuo Ego vorreste fosse diverso, ed è connesso al tentativo di controllare ciò non puoi controllare e alla resistenza che metti in campo in quelle situazioni... È la resistenza che crea la sofferenza.

1.3 La paura

"Devi dare un nome alla tua paura prima di poterla sconfiggere".

Yoda

È una sensazione connessa a ciò che temi possa verificarsi a breve o a lungo termine, che ti fa vivere con l'ansia che quella cosa possa accadere.

La paura è connessa alla preoccupazione che qualcosa di terribile (per il tuo Ego) possa accadere nella tua vita, come perdere la sicurezza, i punti di riferimento, il controllo, il cambiamento, non essere amato, non farcela con i soldi, essere giudicato, fallire, non essere all'altezza, ecc.

Inoltre potresti anche avere paura del successo e di ciò che diranno gli altri se avrai successo… magari ti isoleranno e ti sentirai da solo, magari non ti ameranno più.

La paura è anche connessa all'ignoto, all'affrontare qualcosa che ti trasmette insicurezza e di cui non conosci l'esito, così come di un cambiamento.

Anche se la sicurezza nella vita non è che un'illusione, puoi vedere il pericolo in ogni situazione che provoca incertezza.

Ci sono anche tutte le fobie, le paure delle malattie, di farsi male, di essere in pericolo. Puoi immaginare quanto le paure possano influenzare e limitare la tua vita?

"Nessuno è più schiavo di colui che si ritiene libero senza esserlo".

Johann Wolfgang Goethe

Immagina come sarebbe la tua vita libera dai limiti dalle paure che in qualche modo ti stanno influenzando privandoti della libertà di agire, di amare, di realizzarti…

Sì, le paure ti bloccano! La paura che facendo quell'esperienza accada ciò che temi, ti impedisce di fare un tentativo in molte direzioni. Tieni conto che ciò che temi potrebbe non verificarsi mai.

Le paure sono frutto di pensieri, spesso compulsivi, che si attivano dentro di te quando ti trovi in una situazione simile ad un'esperienza dolorosa del passato. Questi pensieri sei tu a crearli.

La tua vita, quando è governata dalla paura, tende ad essere monotona e le esperienze si limitano a ciò che ti fa sentire al sicuro. Esistono addirittura persone che temono di liberarsi dalla paura, perché, in qualche modo, l'aver paura dà loro sicurezza; si servono del timore come scusa per non mettersi in gioco… non hanno idea di chi potrebbero essere se fossero senza paura!

Ho conosciuto tante persone che vivevano governate dalla paura e la loro vita era fortemente limitata dalla loro incapacità di andare oltre: spesso era la paura di avere paura a bloccarle.

Ti riporto la storia di Maria:

Maria aveva talmente paura di spostarsi a tal punto da arrivare ad avere attacchi di panico talmente forti da limitarsi nei viaggi su qualunque mezzo di trasporto. Quando l'ho conosciuta era talmente terrorizzata da doversi imbottire di pastiglie quando voleva fare un viaggio. Ma anche con quelle non era per niente facile.

Sapendo ciò di cui mi occupavo ha deciso di lavorare con me e superarla una volta per tutte.

Si è messa in gioco, ha lavorato molto intensamente con me per ben due giorni...

Risultato? Le sue paure si sono alleviate tanto da permetterle di viaggiare senza pastiglie e sentendosi bene, fino ad arrivare a godersi viaggi anche intercontinentali.

Abbiamo fatto un ottimo lavoro! Sì, abbiamo, perché anche lei ha fatto la sua parte: questo è l'unico modo per far accadere le cose!

Ora, il cambiamento può essere molto più veloce di così! Ma di questo ne parleremo più avanti…

1.4 I bisogni insoddisfatti

L'essere umano ha alcune esigenze, a secondo dell'età, del livello di evoluzione nel quale si trova, a secondo dei livelli di bisogno che è riuscito a soddisfare nella propria vita. Man mano che le soddisfa, ne sentirà emergere altre nuove e lotterà per soddisfarle.

I primi bisogni da soddisfare sono quelli legati alla sopravvivenza, per poi arrivare ai più evoluti, come il bisogno di condivisione, di contributo e di significato, connessi ad un livello esistenziale ed animico.

Puoi immaginare che i livelli si accendano come dei gradini in sequenza: man mano che il livello in cui ti trovi viene soddisfatto in modo continuativo, se ne accenderà uno successivo nella scala delle priorità. Sarà difficile che tu possa sentire il bisogno di condividere nel momento in cui non hai soddisfatto il tuo bisogno di sopravvivenza. Nei bisogni che desideri appagare possiamo anche leggere il livello d'evoluzione in cui ti trovi in questo momento della tua vita.

Prima è importante che tu abbia ciò che ti consente la sopravvivenza, la sicurezza, l'essere amato e accettato dagli altri; solo allora sentirai l'esigenza di condividere, di contribuire e infine il bisogno di unione con il Divino.

Se ci pensi, il passaggio corrisponde al cammino dell'uomo: una volta incarnato, nasce sulla Terra con esigenze terrene per poi arrivare ad occuparsi, man mano che cresce e si evolve, dei bisogni della sua Anima. Se un essere umano non sente appagati i propri bisogni, spesso subisce un vero e proprio trauma che può compromettere i risultati che ottiene nella sua vita.

Un bisogno insoddisfatto, ti porta a vivere la necessità costante di soddisfare il bisogno stesso. Il bisogno non appagato crea un vuoto, che alcune persone soddisfano sviluppando dipendenze. Nel momento in cui queste persone attivano il 'rito di dipendenza', hanno l'apparente illusione di pienezza e di soddisfacimento del bisogno stesso. Ad esempio, l'insoddisfazione può portare a sviluppare una fame compulsiva. Riempiendosi, si può arrivare a placare momentaneamente quel vuoto.

Quest'illusione non durerà a lungo, quindi ci sarà la necessità di ripetere il rito, che ha regalato un attimo di sollievo e di benessere illusorio.

Le dipendenze sono tantissime:
- dipendenza da cibo, che può arrivare a trasformarsi in bulimia o nella negazione del cibo stesso, connesso al rifiuto dell'esistenza: l'anoressia,
- dipendenza da attività e bisogno di riempire il tempo, connessa

in genere al vuoto esistenziale e all'insoddisfazione,

- dipendenza da zucchero,

- dipendenza da droghe,

- dipendenza da fumo,

- dipendenza da alcool,

- dipendenza dalla tecnologia,

- dipendenza dallo shopping,

- dipendenza dall'accumulo,

- dipendenza dal collezionismo,

- dipendenza dal sesso,

- dipendenza affettiva,

- dipendenza da farmaci,

- dipendenza dall'approvazione degli altri.

Spesso la difficoltà di appagare un bisogno conduce l'essere umano all'annullamento di se stesso e a mettere il soddisfacimento del bisogno come priorità nella propria vita. Alcune di queste persone arrivano a farsi talmente male, da annullarsi fino all'autodistruzione.

1.5 Le aspettative

Sono una delle cose più distruttive se vuoi goderti la vita ed essere felice. Nessuno rispetterà le tue aspettative, nemmeno tu, né nei confronti degli altri, né di te stesso. Purtroppo sono parte dell'essere umano ed è abbastanza comune che, se stai per vivere un'esperienza o un giorno speciale, tu abbia delle aspettative in merito a ciò che pensi possa accadere, a cosa ti aspetti che gli altri facciano per te, alle emozioni che proverai, e così via. Purtroppo, se non accadrà ciò che ti aspettavi, se le persone non si comporteranno così come speravi, non proverai quelle emozioni e ti sentirai deluso.

Le aspettative sono ciò che tu crei come ventaglio di possibilità, per sentirti al sicuro e per sentire appagato il tuo bisogno di controllare la situazione che stai per vivere.

Questo atteggiamento ti limita nell'esplorazione dell'esperienza della vita e delle sue infinite possibilità, privandoti del gusto di lasciarti sorprendere dall'esistenza, che cerca di fornirti l'esperienza più valida per farti crescere, perché tu possa esplorarti per evolvere al massimo del tuo potenziale e, grazie al tuo cambiamento, contribuire all'evoluzione e all'espansione dell'Universo.

Ti faccio qui di seguito un esempio di come puoi limitarti creando aspettative e rimanendovi attaccato, e di come sia facile che tu possa rovinarti le esperienze e a volte anche la vita.

Giulia e Marco sono una coppia felice. Oggi è il compleanno di Giulia; lei ha mandato dei segnali molto chiari a Marco in merito a ciò che le sarebbe piaciuto ricevere come regalo: un bel vestito rosso esposto nella vetrina di un negozio in centro. Non è stata troppo diretta: "… d'altronde se Marco mi ama deve capirlo".

Marco sono settimane che sta preparando la sorpresa per il compleanno di Giulia: ha organizzato un weekend romantico con cena in un ristorante vegetariano stellato per farle una sorpresa. Ha curato tutti i particolari, persino i fiori in camera.

Arrivati al fatidico giorno, lei, come regalo, si aspetta il vestito rosso… Marco ha fatto molto di più, molto meglio, si è impegnato, ha fatto di tutto per farle una sorpresa, per farla sentire speciale e amata, però lei si aspettava il vestito rosso e adesso si sente delusa e incompresa.

Come sarebbe stato per Giulia se si fosse permessa di andare oltre le sue aspettative?

Quanto sarebbe riuscita ad apprezzare l'impegno e l'amore che Marco aveva dimostrato con il suo gesto?

Come sarebbe stata la sua esperienza?

Come sarebbe la tua vita se smettessi di limitarti e ti lasciassi sorprendere permettendoti di andare oltre le tue aspettative godendoti i doni che l'esistenza ha per te?

1.6 Il perfezionismo

Il perfezionismo nasce dalla paura di affrontare ciò per cui non ti senti mai pronto a causa di un 'giudice' interiore molto severo. Questo non ti fa sentire all'altezza della situazione e che ti porta continuamente a rimandare.

L'idea di perfezione l'hai creata con la tua mente, in base ai dati che hai 'collezionato', frutto di esperienze e informazioni che ti sono state trasmesse dalla tua famiglia, dalla società, dalla religione, dall'istruzione e dai media; veri e propri dogmi che hai fatto tuoi ed hai assimilato come verità. La perfezione è qualcosa che non potrai mai raggiungere e, se fa parte delle tue tendenze, la utilizzerai come scusa per rimandare ciò che vorresti fosse perfetto e su cui temi il giudizio.

Tieni conto che la tua idea di perfezione è stata creata dalla tua mente, che si basa su informazioni limitate e limitanti che hai raccolto e che la mente ha messo insieme interpretandole attraverso la menzogna... Sì, perché la mente, come dice la parola stessa, mente!

Tu stai limitando la tua vita basandoti su informazioni limitanti raccolte dalla mente che dice le bugie! Non è assurdo?

Non ha senso. Tu sei un essere Divino e perfetto, non ha senso cercare di avvicinarti ad un modello imperfetto creato dalla mente... che mente! Ti ho confuso abbastanza le idee?

1.7 Tendenza al controllo

La tendenza al controllo è più comune di quanto tu possa immaginare e spesso ti impedisce di goderti l'esistenza.

Parte da qualcosa di cui spesso non sei consapevole: può essere legata alla difficoltà di lasciarsi andare, alla scarsa fiducia nel prossimo, alla paura di essere feriti o traditi...

Qui nasce il tuo bisogno di controllare e di dirigere l'esistenza forzatamente, verso ciò che pensi sia giusto e soprattutto che ti dia l'illusione della sicurezza.

Non puoi controllare la vita, ciò che puoi fare è entrare nel flusso e permetterti di essere chi sei veramente, non ciò che pensi di dover essere! Fluisci nella vita, cogliendo la perfezione del tutto così com'è. Se t'impedisci di lasciar andare il controllo, non farai altro che bloccare la vita, che cerca di favorirti in tutti i modi possibili e di condurti verso il tuo bene supremo, che tu non conosci. L'arroganza dell'essere umano lo porta a credere di conoscere cosa è bene e cosa no. Questo lo conduce verso uno stato di continua tensione, proprio perché spesso ciò che vorrebbe controllare non è controllabile.

Anche in questo caso, la paura è protagonista e quindi, l'essere umano, cerca la sicurezza attraverso il controllo.
Cosa fanno spesso molte persone? Si creano delle strutture in cui sentirsi al sicuro: cercano un lavoro 'sicuro', una relazione 'sicura', situazioni 'stabili' e abitudini che diano loro sicurezza, per poi dichiarare di sentirsi annoiati e insoddisfatti, non provando

più eccitazione, entusiasmo, passione e gioia.

E ci credo! Come si può provare entusiasmo in ciò che hai scelto per paura e per sentirti al sicuro, piuttosto che per amore e passione?

Ora che sai di non sapere ciò che è bene per te e che il controllo non ti permette di realizzare una vita felice, accogli l'ignoto come un amico. Come ti senti quando ricevi un regalo che non ti aspetti e non sai cosa contiene? Non ti gusti molto di più l'esperienza?

La vita sa sempre di quali doni hai bisogno e più saprai accoglierli con gratitudine, più sarà magica. Più resisterai alla sua saggezza e a ciò che ti porta, più creerai disarmonia e dolore, perché, come hai letto prima, il dolore nasce dalla tua resistenza alla vita e dall'attaccamento a ciò a cui hai legato la tua sicurezza.

1.8 La più tremenda: la paura di avere paura…

Ti sei mai accorto di avere una paura subdola e ben presente che ti impedisce di agire, che ti blocca a tanti livelli, che ti impedisce di muoverti più delle altre?

È la paura di avere paura.

La paura di avere paura cela la paura di sentire. Il mondo contemporaneo ti ha insegnato che tutto ciò che è scomodo va rimosso, represso e cancellato: ha messo a tacere il tuo corpo e ogni suo sintomo, le tue emozioni e il tuo disagio, ha rimosso il concetto della morte allontanando i cimiteri dal centro delle città.

Quando vedi il corpo di un caro che ti ha lasciato, te lo fanno trovare pronto, ben vestito, addirittura truccato e magari sorridente, anche se è morto da solo, spaventato tra atroci sofferenze.

Sì, perché è brutto provare disagio, imbarazzo ed emozioni negative, ed è comunque sconveniente pensare di distogliersi da cumuli di cose inutili che ti distraggono dalla vita vera e dal sentire i disagi legati alla tua esistenza.

Esiste una pillolina per tutto, per mettere a zittire ogni sensazione, dal più piccolo dolore fisico a quello emozionale.
Se hai un dolorino, invece di ascoltare il tuo corpo, strumento saggio che ti indica che qualcosa non va, che lo stai avvelenando

con tossine chimiche o emozionali, che ti indica che stai facendo scelte che non ti appartengono, che non ti stai rispettando… prendi una pillolina.

Ti comporti allo stesso modo quando provi un'emozione, piuttosto che ascoltare il 'termometro emozionale' che misura ciò che stai facendo e scegliendo nella tua vita. Il tuo corpo ti sta dando indicazioni chiare di ciò che va bene o meno per te e ti indica, magari facendoti provare tristezza che forse non stai bene con una persona o, con il vuoto esistenziale, che devi cambiare vita, lavoro, ritmi, che stai conducendo un'esistenza che non ti appartiene, che sei fuori strada. Tu cosa fai? Prendi una pillolina…

Vorrai mica mettere in discussione tutto ciò che hai fatto sino ad ora? Ormai…

Ormai cosa?

Questa è la tua vita, ti rendi conto? Se non ti piace trasforma ciò che non ti fa star bene, non scappare dal tuo sentire e dalla paura di sentire la paura, vivi davvero, gioca! Se ciò che hai costruito e creato non ti piace 'screalo', cambialo, modificalo. Non sei qui per stare tranquillo, sei qui per vivere, altrimenti potevi tranquillamente rimanere nella dimensione in cui eri in pace.

"Non ci si libera di una cosa evitandola, ma soltanto attraversandola".

Cesare Pavese

Il tuo compito è fare tutto ciò che puoi per poter vivere l'esistenza che risuona dentro di te, ritrovare il tuo Stato Divino qui sulla Terra e sentirti davvero vivo e in pace! Vivi con la 'V' maiuscola, con tutte le sfide e le difficoltà che vengono poste sul tuo cammino, perché tu possa avere uno specchio perfetto di ciò che vibri, dei tuoi pensieri e delle tue scelte. Se una scelta ti ha portato a non essere felice, cambiala, non mettere a tacere il tuo sentire. Ti stanno anestetizzando!

…Poi dici che ti senti senza entusiasmo e gioia e non trovi un significato… Ti stanno allontanando dall'essere chi sei per farti pensare di ottenere ciò che desideri attraverso il fare. Non è questo il modo corretto se vuoi avere ciò che desideri.

Per lasciare emergere la tua vera natura senti ciò che non ti fa star bene e permettiti di trasformarlo. Per farlo ti sarà sufficiente 'ripulire' la paura, il dolore e ogni sensazione. Perché tu possa pulire occorre 'sentire', altrimenti come puoi accorgerti che qualcosa non va? Ascoltandoti potrai notare i tuoi disagi, lasciarli andare ed accorgerti quando, quella sensazione che provavi, non c'è più. Non perché l'hai messa a tacere, ma perché hai sciolto il dolore del passato, le ferite e le paure di essere chi realmente sei, di realizzarti, di essere pienamente felice e di sentire il senso profondo della tua esistenza.

Comprendi perché è così importante permetterti di provare anche la paura e le sensazioni più pesanti che alloggiano dentro di te?

Esci dall'illusione e permettiti di arrivare al massimo risultato che puoi raggiungere: essere quello che davvero sei in tutta la tua immensità e manifestare il massimo che puoi essere concretamente nella tua vita!

Ricordati che la tua felicità è sempre nascosta dietro un velo di paura e, se vuoi raggiungerla, quel velo lo devi attraversare!

1.9 Esiste qualcosa di ancora peggio…

Si c'è qualcosa di ancora peggio di tutto ciò che ti ho descritto sino ad ora, mi soffermo a descrivertelo perché tu possa darti la possibilità di prenderne consapevolezza.

Hai mai provato la sensazione di avere una vita apparentemente perfetta pur sentendo un costante disagio non ben definito, come se ti mancasse un pezzo, come se non riuscissi a cogliere il senso di quella tua stessa esistenza?

Avere un lavoro che ti sembra adeguato ai tuoi studi, una famiglia, degli amici e una vita nella quale hai fatto tutti i passaggi 'obbligati' e hai 'flaggato' tutti i punti che normalmente vengono attribuiti a un buon livello di vita, potrebbe non essere sufficiente, specialmente se percepisci disagio.

Senti che ti manca un pezzo, che non riesci a dare un senso all'esistenza, senti un profondo senso di solitudine e ti vergogni di quanto provi sentendoti in colpa, specie se hai dei figli.

Eppure, quel disagio lo senti davvero, tanto da non trovare, a volte, nemmeno la forza di alzarti dal letto avvolto come in un velo di tristezza...

A volte, quel disagio diventa un dolore acuto che, specie se hai crocettato tutti i passaggi 'obbligati', suggeriti dalla società per considerarti una persona 'ok', avrai ancora più difficoltà a comprendere e ti chiederai: "Perché mi sento così? Eppure non mi manca nulla…".

Eppure ti manca qualcosa, altrimenti non staresti così! Non si tratta di lavorare su te stesso per adattarti a qualcosa che hai accettato perché non vedevi alternative o perché ti è stato insegnato così. In realtà, se ti permettessi di ascoltarti percepiresti un senso di vuoto profondo e quel vuoto non si può riempire con tutto ciò che inserisci nella tua vita per anestetizzarti.

Il vuoto esistenziale che percepisci è frutto di una disconnessione che è avvenuta nel momento in cui ti sei incarnato in questa esistenza. Questo senso di separazione o solitudine è causa della dualità che ti consente di vivere pienamente il piano terreno, affinché tu possa fare l'esperienza più trasformativa sulla Terra, guarire le ferite e percorrere il tuo cammino per soddisfare gli scopi della tua Anima.

Ti trovi a confrontarti con tutte le sfide della dualità, i suoi opposti e i suoi conflitti, tra cui l'illusione della separazione: senti che ci sei tu e ci sono gli altri separati da te, vivi il confronto tra gli opposti, tra i buoni e i cattivi.

In genere, il buono pensi di essere tu, i cattivi sono tutti gli altri che ti minacciano, che ti giudicano, che ti ostacolano, da cui devi difenderti e questo ti porta a sentirti solo, solo contro tutti.

Forse può sembrarti astratto e troppo spirituale, invece è concreto, infatti lo senti, ti fa stare male ed è quel dolore che, se colmato, risolve gran parte delle difficoltà che percepisci in questa vita.

1.10 Lo potrai sempre lasciare andare …

Prima di tutto, è importante che tu sappia che se vivi tutto questo, non è colpa tua, tu non sei sbagliato, sei solo imprigionato in schemi ed illusioni che ti sono stati insegnati.
Più avanti nella lettura, imparerai come lasciar andare tutto questo con il metodo Divine Connection, che ho ricevuto per farti fare il salto quantico che ti aspetta, se utilizzerai ciò che trovi in questo libro.

È talmente semplice e bello! Non si tratta di fare un lavoro duro, ma di giocare, sentendo le meravigliose sensazioni che provi quando ti permetti di sperimentare chi sei davvero. È meraviglioso quello che proverai applicando il metodo e sperimentando il Divine State! Tutto ciò che non sei svanirà e ti sentirai a casa, qui sulla Terra e, se me lo permetterai, sarà un vero piacere accompagnarti in questa meravigliosa scoperta, la più importante di tutta la tua vita: la scoperta di te stesso!

Ora rido…

"Ciao, mi chiamo Sonia, ho 60 anni e sono nata Indaco, con il disturbo A.D.H.D. e dislessica.

Ho sempre avuto una forte sensibilità e questo mi ha creato molti problemi. Da un respiro capisco come sta una persona, per questo mi definivano 'strana'.

Ho sempre avuto problemi a socializzare perché temevo che mi ferissero. Lo sono stata tante volte…

La mia ricerca continua della felicità, dell'amore, di persone simili a me, mi portava a cercare, ma cosa? Non sapevo neppure io cosa cercavo, non poteva essere che Dio mi avesse mandata qui sulla Terra solo per soffrire.

Avevo mille domande e non trovavo le risposte, avevo biso-

gno di capire chi ero, quale fosse il mio cammino, perché mi sentivo 'diversa' e nessuno mi capiva.

Questa sensazione mi ha portata ad isolarmi e la rabbia aumentava sempre di più. Ho avuto ex violenti fisicamente o psicologicamente. Sono arrivata a capire come si può arrivare ad uccidere e non hai che un attimo per rendertene conto e fermarti. È stato solo dopo la morte improvvisa di mio padre che ho iniziato il mio percorso di ricerca spirituale. Ho iniziato con il buddismo, poi sono diventata atea. Ho provato tantissime tecniche e metodi, guru spirituali ed energetici dopo poco ecco riaffiorare le paure e le ansie che mi hanno sempre attanagliata.

Non sono mai voluta stare qui sulla Terra e volevo tornare da dove ero venuta. La Terra mi stava stretta, mi sentivo soffocare. Non ho mai pensato al suicidio, cosa comune per quelli come me. Non amare la vita rinvigoriva la mia rabbia e la mia disperazione.

Una serata di alcuni anni fa, conobbi Patrizia in un'intervista su internet, ricordo che ho detto: "Voglio lavo-

rare con lei".

Nonostante i problemi economici, ho scelto di partecipare al workshop esclusivo "3 giorni di Luce", a Malaga, volevo esserci a qualunque costo, nulla mi poteva fermare. Non potevo continuare così. Ho fatto i salti mortali e ho trovato i soldi che mi servivano, perché quando vuoi davvero qualcosa non ci sono scuse, i mezzi li trovi.

È stata un'esperienza magica è unica, indescrivibile. Mi ha aperto un mondo che non conoscevo, fatto d'amore, gioia, ho scoperto di poter fare tutto, che tutto è possibile. Iniziavo a capire che potevo essere felice anch'io.

Mi ha dato tanto quell'esperienza: la consapevolezza di chi sono, cosa mi serve per essere felice, la pace, il radicamento, la gioia, l'amore, la vitalità e la voglia di vivere, la consapevolezza che tutto è possibile, che sono io a creare il mio Mondo, la mia realtà. Mi ha dato anche lo strumento per me fondamentale: la Divine Connection, con la quale lavoro tutti i giorni da allora e sciolgo le mie paure, i miei dubbi e tutto quello che mi blocca.

Pensa che avevo paura del vuoto e dell'altezza. Durante i "3 Giorni di Luce", abbiamo fatto parte del workshop in montagna e ci si arrivava solo con la teleferica. Una volta in cabina, ecco arrivare un attacco di panico! Patrizia mi ha detto: «Ottimo! Ora hai la possibilità di mettere in pratica la DC, in un momento di crisi da cui non puoi scappare! Hai pochi minuti per sciogliere tutto questo, sai come fare e sappi che tra poco mi metterò a saltare in cabina!».

Ce l'ho fatta! Non era ancora passata del tutto, ma ero tranquilla, quando Patrizia ha iniziato a fare oscillare la cabina, ero persino rilassata! Ho deciso recentemente che mi getterò anche con il paracadute e l'ho anche dichiarato al Divine Connection Live, davanti a più di 60 persone. Mi ha caricata così tanto quell'esperienza che la rifarei oggi stesso. La costanza e la volontà insieme alla DC hanno cambiato la mia vita.

Tornata, ho lavorato con la DC su: attaccamenti, mancanze, paure, resistenze. Ora sono positiva, serena, piena di energia e voglia di vivere, le mie finanze sono più abbondanti: ho an-

che partecipato al DC Live a Bologna e sono anche riuscita a donare soldi ad un'associazione a cui tengo molto. La felicità esiste anche per me!

Tutto sta cambiando e so che posso fare molto di più ed ho intenzione di continuare e fare il miracolo che forse sta già avvenendo: ora rido, canto, gioco! Tu che ne pensi?
Con la Luce nel cuore ti auguro tanta consapevolezza".
Sonia Romagnoli

1.11 L'unica paura utile che non devi lasciare andare

Immagina di arrivare all'ultimo giorno della tua vita senza esserti realizzato, senza aver manifestato nulla di ciò che sognavi per la tua esistenza prima di incarnarti in questa vita.

Immagina di non aver dato nessun contributo per rendere questo mondo un luogo migliore, secondo le tue capacità, doti ed aspirazioni. Senti che è finita, che ormai è troppo tardi, non puoi fare più niente: stai per andartene e per lasciare il corpo…
Come ti senti, quali sono le tue sensazioni e le tue emozioni?

È terribile, non trovi?

Questa è stata la mia più grande paura sin da quando ero bambina, ed è uno dei motivi per cui mi sono sfidata continuativamente, il motivo per cui ho messo la crescita e la realizzazione dei progetti della mia Anima al primo posto nella mia vita.

Ho trasformato tutto ciò che sapevo di poter migliorare, partendo da me stessa per poter diventare la mia versione migliore e mettendo la mia Missione come priorità.

Immagina pensa alla tua vita: in ogni istante hai sempre la scelta e la possibilità di andare nella direzione della paura o dell'amore. La prima è una vita limitata dal timore di agire, di sbagliare e dall'insicurezza. La seconda ti apre un mare di infinite possibilità, ti apre la strada per manifestarti e realizzare pienamente te stesso e la tua vita, ed essere il meglio che puoi essere, creando il meglio che puoi creare e, di conseguenza, avere il massimo che tu possa avere.

Come sarebbe e dove ti porterebbe, e soprattutto, come ti farebbe sentire ognuna di queste possibilità, l'ultimo giorno della tua vita?

Se anche tu, anche solo per una volta, hai avuto la stessa paura che avevo io sin da bambina o se hai mai avuto il pensiero di arrivare alla fine di questa esistenza sentendoti deluso, arrabbiato, pieno di risentimento, sentendo di aver sprecato la tua opportunità di onorare lo scopo per cui sei venuto qui sulla Terra…

Se anche tu hai temuto di non riuscire a portare il tuo contributo all'umanità, al pianeta e di non riuscire a manifestare chi sei…

Se anche tu hai temuto di non riuscire a diventare la migliore persona che potessi essere e vivere la miglior vita che avresti potuto vivere… Mantieni viva questa sensazione e questo timore, trasformali in una spinta interiore per vivere davvero e per manifestare, in questa tua esistenza, tutto ciò che ti è possibile essere, vivere e creare, affinché tu possa arrivare in quel momento soddisfatto, felice, realizzato e poter sentire di aver vissuto pienamente, di aver completato il tuo compito. Questo ti porterà a scegliere consapevolmente di andartene, perché sentirai che è il momento giusto per passare oltre.

Ora, fai questo esercizio e ripetilo spesso per verificare di essere sulla strada che ti porterà a provare in quel momento e in tutta la tua vita, la sensazione che desideri provare.

Se imparerai ad ascoltarti e a scegliere secondo il tuo sentire, la visione di quel momento ti darà sempre più pace e leggerezza e ti permetterà di superare anche la paura della morte, che è fortemente connessa al timore di andartene prima di aver completato il tuo compito terreno in questa esistenza.

Esercizio dell'ultimo giorno

- Chiudi gli occhi e fai un bel respiro profondo, rilassati...
- Ora, proprio davanti a te, appare un tunnel di luce
- Conta da 1 a 5. Al 5 giungerai al tuo ultimo giorno di vita sulla Terra.
- 1, 2, 3, 4, 5!
- Eccoti lì... Dove ti trovi? Sei solo o in compagnia? Come stai fisicamente? Come ti senti emozional-

mente?

Se riguardi alla tua vita, quali sono i tuoi rimpianti, cosa non ti sei permesso di realizzare? Quali scelte ti hanno impedito di essere ora, più felice e soddisfatto? Quali scelte sarebbe stato meglio fare? Come avresti voluto vivere e cosa ti ha ostacolato? Quali sono i tuoi rimorsi, quali cose avresti voluto dire e a chi? Come questo avrebbe cambiato la tua esistenza? Cosa avresti potuto fare di diverso per ottenere un altro risultato? Cosa ti sei impedito di realizzare, di manifestare di essere? Cosa, in quel giorno, avresti voluto vedere realizzato? Quali scelte ti avrebbero permesso di realizzare ciò che avresti voluto?

- Ora, attraversa nuovamente il tunnel di luce contando alla rovescia da 5 a 1. All'1 ti troverai nel presente.

(Accedi all'AREA RISERVATA per scaricare l'audio gratuito).

Mi spiace che tu possa aver sofferto facendolo, ma renderti conto per tempo di cosa stai creando e di cosa non va, può farti davvero svoltare! Comprendi quanto è importante questo esercizio?

Più avanti, troverai la versione positiva di questo esercizio, che ti suggerisco di svolgere solo dopo aver fatto un po' di lavoro su te stesso. Permettiti di ripeterlo quando lo troverai, facilmente noterai molte differenze.

1.12 Ma esiste una soluzione?

Come sarebbe se ci fosse una soluzione a tutto questo? Come sarebbe se potessi superare dolore, paura, limiti e mancanza con facilità?
Come sarebbe se potessi sperimentare uno stato magico di pace e amore e questo cambiasse davvero la tua esistenza? Come potrebbe cambiare la tua vita e la vita delle persone attorno a te?

Forse starai pensando che sarebbe bello ma sei un po' sfiduciato, questo perché probabilmente hai provato molte tecniche e nessuna ha funzionato davvero. Inoltre ti è stato insegnato che le cose, per funzionare, devono essere difficili, complesse e soprattutto richiedono tempo e sacrificio...

Sei sicuro che tutto ciò che ti è stato insegnato sia sempre vero?

Tutto troppo facile, eppure…

"Quando Patrizia mi ha introdotta al metodo DC attraverso il gruppo Facebook, per la prima volta devo ammettere che ero un po' confusa, anzi parecchio: mi sembrava fin troppo facile da utilizzare.

Inizialmente, faticavo a connettermi e soprattutto ad usarlo con regolarità, ma, ogni volta che lo facevo, mi sentivo bene e molto serena. Nonostante ciò, introdurlo nella mia vita quotidiana era difficile, a causa di limitazioni che mi ero posta e che mascheravo con scuse come «ho altro da fare» o «sono troppo impegnata» o addirittura «richiede troppa fatica e concentrazione».

Naturalmente, tutte queste scuse le avevo create apposta per mascherare la verità: il metodo mi spaventava perché mi avrebbe potuto aiutare a scoprire il mio vero potenziale, eliminando la corazza che mi ero costruita negli anni.

La prima volta che mi sono connessa meglio al DC Point e

ho cominciato a sentire la forza e la splendida energia di questa tecnica è stata quando ho partecipato al primo evento Divine Connection Live.

Durante quei due giorni le paure che mi bloccavano sono venute alla luce e ho scoperto che, in realtà, avevo una mancanza di fiducia non solo nel metodo, ma anche nella mia capacità di riuscire a sbloccarmi e a stare meglio.
Non pensavo proprio di essere una di quelle persone che ha paura di essere felice, anzi... Ma evidentemente ero troppo spaventata di togliermi quella 'protezione' che mi ero creata e che mi portava ansia.

Infatti, proprio l'ansia è stata una delle spinte principali che mi hanno convinta a provare la DC per potermene finalmente liberare. Immaginavo quante cose avrei potuto fare se non avessi avuto quell'enorme blocco. Ero io che mi stavo auto-sabotando e a questa conclusione ci sono arrivata utilizzando la DC.

Nel weekend del workshop, ci sono stati molti momenti in cui mi sono sentita persa, certe volte arrivavo a giudicare me stessa e le altre persone per quello che stavamo facendo.

Mi sembrava che il metodo fosse troppo facile per funzionare, dunque poco utile, troppo 'strano'. E io, avendo una mente molto logica, non riuscivo proprio a liberarmi da questa paura di essere giudicata per la mia parte spirituale, così come stavo giudicando senza volerlo anche gli altri.

In tutto questo, mentre utilizzavo la DC, mi sentivo bene e riuscivo a percepire e a sciogliere alcune delle numerose paure e dei blocchi che si sono presentati. In pratica, mi sentivo come se fossi tirata per le braccia: la sfiducia e la paura del giudizio mi tiravano da una parte e la fiducia verso il metodo insieme ai risultati concreti che stavo ottenendo dall'altra.

Dopo il workshop, ho continuato ad usare il metodo e sono riuscita prima di tutto a individuare una sequenza di blocchi e limitazioni che stavano alla base dell'ansia e in seguito anche ad eliminarne molti. La cosa fondamentale è stata partire dall'eliminare il «è troppo facile per funzionare», sotto consiglio di Patrizia. Il metodo è facile ed è bellissimo, ma soprattutto funziona.

Non parlo solo della sensazione di pace e di serenità che trasmette quando ci si connette, ma proprio dei risultati concreti ottenuti finora, come superare la paura di dormire da sola, affrontare il mio primo esame all'università e quello dopo ancora, rimanendo tranquillissima, riconnettermi in un periodo in cui mi sentivo particolarmente giù di corda e disconnessa.

Alcune delle cose che mi hanno sorpreso di più sono state la velocità nel connettersi che aumenta con la pratica e il fatto che molte paure, blocchi o credenze limitanti sono collegati tra loro e, certe volte, eliminandone uno si scopre che anche un altro è sparito.

Sto continuando ad utilizzare la DC perché voglio eliminare l'ansia, liberarmi dalla paura del giudizio ed entrare in contatto con me stessa e finora ho già raggiunto dei buoni risul-

tati.

Consiglio l'utilizzo della Divine Connection a chiunque, perché porta a connetterci con la nostra parte Divina e aiuta a liberarci da ciò che non ci serve, da tutti quei pesi che ci limitano nella vita e che ci impediscono di essere felici."
Lucia

Come sarebbe se esistesse un modo che, attraverso la pratica, creasse un benessere immediato portandoti in uno stato che ti fa sentire Divinamente sin da subito?

E se questo stato ti permettesse anche di dissolvere tutte le tue paure o di realizzare ciò che non ti sei mai permesso?

Forse temi di non essere in grado, di non essere abbastanza, di non farcela, di non meritarlo. Forse hai paura di cosa potrebbero dire le persone attorno a te se avessi successo.

E se questo stato ti permettesse anche di dissolvere la paura di fallire, di restare da solo, la paura delle responsabilità, la paura di non saper come fare, la paura di vivere, la paura di_____________? (Aggiungi quello di cui hai sempre avuto paura e che non trovi in questa lista. La fantasia nel crearsi le paure è talmente tanta che 10 pagine non basterebbero per elencarle tutte).

Più avanti, scoprirai come fare e quanto tutto questo sia più semplice di quanto tu possa immaginare e quanto possa cambiare la tua esistenza.

Sappi che è possibile e anche semplice da realizzare.

Sappi che c'è una risposta a tutte le tue domande e a tutte quelle che hai trovato all'inizio del capitolo.

Sappi che la vita è un dono e puoi viverla come tale.

Sappi che tutto questo è vero e possibile… Anche per te!

Se vuoi lasciar andare ciò che ti blocca dal compiere le scelte che possano cambiare la tua vita e dal realizzare ciò che desideri, oltre al velo della paura, leggi tutto il libro, potrai ottenere dei risultati davvero sorprendenti e veloci.

Questo deve diventare il tuo focus, la tua priorità, la tua ossessione! E lo imparerai leggendo questo libro, facendone esperienza, lo apprenderai vivendolo! Lo vivrai, lo sentirai e solo allora l'avrai imparato, scoperto, e sarà dentro di te, dentro tutte le tue cellule, solo quando lo avrai sperimentato e vissuto saprai che è vero.

Ti basta continuare a leggere, permettendoti di fare le esperienze che ti vengono proposte e scoprire tu stesso la verità. Tu stesso e non qualcun altro per te: Tu stesso! Hai idea di quanta libertà può darti tutto questo?

➔ <u>AREA RISERVATA DEL LIBRO</u> ←

trovi: Audiolibro e Contenuti Gratuiti

Per accedere, registrati a questo link:

➔ <u>http://bit.ly/risorse-libro</u>

I SEGRETI CHE HAI SCOPERTO NEL CAPITOLO 1:

- **SEGRETO n. 1:** Nessuno, senza la tua collaborazione, può fare le cose per te, nessuno può farti 'volare' se tu non sei disposto a farlo e soprattutto se tu non credi sia possibile. I miracoli possono accadere solo se sei pronto a riceverli.

- **SEGRETO n. 2:** La tua storia non è causa del tuo malessere, ma il tuo malessere crea la tua storia!

- **SEGRETO n. 3:** Il dolore e il disagio servono a farti comprendere che nella tua vita c'è qualcosa che non va. Piuttosto che opporti ad essi, ascolta il messaggio che vi sta alla base e trova il dono che hanno per te.

- **SEGRETO n. 4:** Il dolore è frutto della tua resistenza a ciò che tu vorresti fosse diverso ed è connesso al tentativo di controllare ciò non puoi controllare. È la resistenza che crea la sofferenza.

- **SEGRETO n. 5:** La tua vita, quando è governata dalla paura, tende ad essere monotona e le esperienze si limitano a ciò che ti permette di sentirti al sicuro. Chi potresti essere se non avessi paura?

- **SEGRETO n. 6:** Nella soddisfazione dei bisogni, prima è importante che tu abbia ciò che ti consente la sopravvivenza, poi la sicurezza, l'amore e la realizzazione. Allora sentirai l'esigenza di condividere e di contribuire e infine il bisogno di unione con il Divino.

- **SEGRETO n. 7:** Le aspettative sono le possibilità che riesci ad immaginare in merito a una situazione. Questo appaga il tuo bisogno di controllo, ma ti limita togliendoti il gusto di lasciarti sorprendere dalla saggezza della vita, che ti conduce verso l'esperienza perfetta per farti crescere ed evolvere.

- **SEGRETO n. 8:** La vita sa di quali doni hai bisogno, più saprai accoglierli più sarà magica, più resisterai, più creerai dolore connesso all'attaccamento a cui hai legato la tua illusione di sicurezza.

- **SEGRETO n. 9:** Le emozioni misurano cosa stai facendo e scegliendo nella tua vita indicandoti se va bene per te. Ascolta le tue emozioni e le tue sensazioni e trasforma quello che non ti fa star bene. Se una scelta ti ha portato a non sentirti felice, cambiala, non mettere a tacere il tuo sentire.

- **SEGRETO n. 10:** La tua felicità è nascosta dietro un velo di paura e, se vuoi raggiungerla, quel velo lo devi attraversare!

- **SEGRETO n. 11:** In ogni istante, hai la possibilità di andare verso la direzione della paura o dell'amore.

La paura crea solo limiti, l'amore ti apre un mare di infinite possibilità di manifestarti, di essere il meglio che puoi essere e di realizzarti.

- **SEGRETO n. 12:** Le cose possono cambiare semplicemente. Ti basta proseguire la lettura ed eseguire gli esercizi. Tutte le persone che hanno scelto questa via hanno ottenuto grandi risultati, le persone che hanno scelto di non farlo non li hanno ottenuti. Dipende da te!

Capitolo 2

Perché posso aiutarti

"Se vuoi diventare un vero cercatore della verità, almeno una volta nella tua vita devi dubitare, il più profondamente possibile, di tutte le cose".

René Descartes

2.1. Qualcosa che ti lascerà a bocca aperta…

Hai mai sentito parlare di persone che vedono, sentono, percepiscono, parlano e sono guidate dagli Angeli, da Guide spirituali, da Esseri di Luce o dalla Fonte?

Hai mai sentito parlare di persone che muovono o trasmettono energia?

Hai mai sentito parlare di Channelling o Canalizzazione?

Questi sono i doni che ho dalla nascita e il mio scopo è aiutarti ed entrare in contatto con la saggezza universale per aiutarti ad essere felice, favorendo il tuo cammino di vita attraverso il tuo risveglio spirituale.

Sono un canale per gli Esseri di Luce e mi 'usano' per portare le persone al risveglio e alla consapevolezza.

Gli Esseri di Luce, sono esseri dalle vibrazioni elevate, di cui fanno parte gli Angeli, i Maestri Ascesi, gli Esseri Elementali, le Divinità e molti altri.

Molte persone, quando entrano nel Campo Energetico, che gli Esseri di Luce creano attorno a me, si trasformano profondamente. Ad alcuni si risveglia la sensitività, alcuni diventano più consapevoli, altri cambiano addirittura la loro vita.

Uno dei miei compiti è proprio quello di aiutarti ad essere la tua versione migliore e più autentica, che è quella che si avvicina maggiormente all'Essere che ciascuno di noi è: un Essere Divino.

Tu sei un Essere Divino. incarnato per poter fare un'esperienza terrena, grazie alla quale puoi evolverti, elevarti ed espandere la tua coscienza. Grazie al tuo cammino ed al cammino di ogni essere umano, anche il Divino universale si evolve e si espande.

Posso aiutarti a vedere oltre le apparenze che sono visibili a tutti e a prendere consapevolezza che tutto ha un senso.

Gli Esseri di Luce sono qui per aiutarti a perseguire il tuo Bene Supremo, che non conosci e non puoi razionalmente comprendere, come difficilmente puoi capire e conoscere le strade che ti portano in quella direzione. Il tuo Ego vorrebbe una vita sicura e tranquilla, ma non è per questo che sei qui.

Tu sei qui per vivere, per esplorare, per crescere, per espanderti, per sperimentare, non per stare tranquillo e per sopravvivere.

Gli Esseri di Luce sono sempre presenti quando lavoro con te e mi forniscono informazioni chiare, precise e pratiche per poterti aiutare. Questo è fondamentale perché la crescita spirituale ha lo scopo di portarti a vivere al meglio la tua esperienza più spirituale, che è la vita.

Come ti ho già scritto, non serve 'volare con gli Angeli' se poi la tua vita non ti piace, se ti fai bloccare dalla paura di trovare la tua rotta e dal giudizio degli altri, se non hai i soldi per vivere le esperienze importanti per te e hai relazioni disarmoniche.

La spiritualità non serve per fuggire dalla realtà anzi, la vita è l'esperienza più spirituale che puoi fare.

Vivere una vita bella, abbondante, felice, che ti risuona e che ti fa sentire di rendere onore alla tua esperienza terrena e al tuo tempo è espressione di spiritualità.

Quando qualcosa non ti fa stare bene ti sta mostrando che la tua vibrazione è disarmonica, che stai resistendo a ciò che è bene per te, che hai bisogno di un cambiamento nella tua vita.

Con la tua crescita spirituale manifesti i frutti nella tua vita terrena. Uno dei miei compiti è quello di aiutarti a vedere come tutto è connesso e come la vita sia frutto della tua consapevolezza, della tua vibrazione e della tua evoluzione spirituale. Vedere i risvolti pratici e concreti della tua evoluzione spirituale nella vita di tutti i giorni ti permette di prendere consapevolezza e di poter cambiare le cose.

A differenza di chi si focalizza solo sulla dimensione spirituale, allontanando le persone dai problemi della vita e facendo loro provare un benessere temporaneo, ti fornisco gli strumenti pratici per vivere al meglio con abbondanza e felicità la tua esperienza terrena, onorando la tua vita ed il tuo tempo.

2.2 Una bambina decisamente "particolare"

Come è nato tutto questo?

Quando ho iniziato ad essere quella che sono?

Fin da piccola ero indipendente e responsabile, sapevo cosa era giusto e cosa no. I dubbi esistenziali hanno fatto parte di me sin dai primi ricordi. Recentemente mi sono ricordata di una meditazione che facevo sul presente, questo tra i 4 e i 5 anni. Prova a farla anche tu…

Meditazione sull'Adesso

Questa meditazione ti porta a sperimentare l'unico momento che esiste: il presente.

- Prenditi un momento tutto per te.

- Lascia che il tuo sguardo si perda nel vuoto come quando t'incanti. Tieni gli occhi aperti.

- Ora, ripeti ad alta voce la parola 'adesso' per alcuni lunghissimi minuti.

- Adesso, adesso, adesso, adesso, adesso, adesso,

adesso, adesso, adesso, adesso, adesso, adesso…

- Mentre mediti su questo tema, osserva cosa accade in te e quali consapevolezze si risvegliano.

Com'è andata? Ancora oggi quando utilizzo questa meditazione sento una grande espansione.

Quando ero piccola e mi veniva chiesto: "Cosa vuoi fare da grande?", rispondevo: "Voglio cambiare il mondo!". Non ti dico quanto arrivasse a sentirsi imbarazzato chi mi poneva incauto questa domanda. Una mia compagna di scuola, che ho recentemente incontrato, mi ha detto: "Già allora si percepiva quanto fossi diversa dagli altri bambini e che la tua sensibilità fosse fuori dal comune".

Anche la sensitività ha fatto parte della mia vita da sempre… Mi ricordo lunghe conversazioni sotto al tavolo del soggiorno con Esseri invisibili agli altri. Non ne parlavo con nessuno, sapevo che non potevano vederli e che non mi avrebbero creduto. Ricordo anche un fantasma che abitava nella casa in cui vivevo con i miei genitori…

…tutto iniziava con un brivido freddo lungo la schiena… di notte, la sentivo arrivare, piano, dal corridoio, prima ancora che entrasse nella cameretta. Quest'anziana signora in camicia da notte, con i capelli lunghi, bianchi e arruffati, il respiro pesante e gli occhi sbarrati, entrava in camera… io, terrorizzata, mi nascondevo sotto al piumone, mi si bloccava il respiro, rimanevo pietrificata, fino a quando, esausta, mi addormentavo.

Quando ho iniziato a leggere, chiedevo di comprarmi libri sui poteri della mente, sui misteri, sul miglioramento personale.
Ero una bambina che viveva in un mondo parallelo, gli altri giocavano, io trascorrevo il tempo a disegnare Esseri e paesaggi incantati e a farmi domande alle quali nessuno sapeva dare risposta.

2.3 Un'Anima tormentata in cerca di risposte

Fin da bambina, il mio incubo più grande era quello di morire senza aver realizzato il mio compito qui sulla Terra. Mi ossessionava. Non sapevo se la mia diversità fosse giusta o sbagliata…

Ero sbagliata? Vedevo e parlavo con chi potevo vedere solo io, sognavo di fare qualcosa di grande, ero iperattiva e non riuscivo a stare ad ascoltare l'insegnante che parlava di cose che sentivo inutili per la mia vita.

Quando ero ragazzina, mi chiedevo come potessi portare il mio contributo. Forse in una missione in qualche angolo sperduto della Terra per aiutare le persone in difficoltà?

Era questa la soluzione alle mie domande?

Mettevo in discussione tutto ciò che per gli altri era scontato, anche la Chiesa. Ciò che sentivo durante le ore di religione e in chiesa durante la messa non mi risuonava. Dio era un amico con cui conversavo. Non capivo la preghiera, il peccato, la punizione e ancor meno la confessione ad un altro essere umano, che aveva la pretesa di fare da intermediario tra me e Dio e che mi assolveva per delle colpe che non sentivo di avere.

Chi era lui per farlo?

Cosa aveva più di me?

Quali peccati avevo commesso per dovermi sentire in difetto?

Soffrire in Terra per stare bene in Paradiso non aveva senso.

Fortunatamente, i miei genitori non mi hanno mai obbligata ad andare in chiesa, hanno lasciato che fossi io a scegliere. Quando è stata l'ora di fare la cresima, ho deciso di non farla.

Sono stata l'unica a fare questa scelta, non ho mai avuto paura di ascoltarmi e di andare verso ciò che sentivo, anche se significava farlo da sola. Nella Chiesa non c'era la mia risposta, anzi c'erano molti limiti che non volevo avere.

Avevo 14 anni. Un giorno Aurora bussò alla mia porta. Era Testimone di Geova. Veniva a leggermi parti delle Sacre Scritture, che interpretava in modo dogmatico e che, puntualmente, mettevo in discussione, offrendole interpretazioni alternative. Dopo alcuni tentativi non venne più… Ero troppo scomoda anche per lei!

Ero ossessionata dall'esplorazione dell'essere umano, dal suo miglioramento e dalla possibilità di poter realizzare qualunque cosa, anche i miracoli. Sapevo che era possibile, bastava scoprire il modo. Sapevo di avere un compito qui sulla Terra e trovarlo, assieme alla ricerca della verità, è stata per me una fissazione durata una vita.

Mi trovavo spesso a discutere con sconosciuti di qualunque età, che si avvicinavano a me quando sentivano il bisogno di confidarsi. Questo accadeva di solito quando prendevo il bus per andare a scuola e la persona terminava il discorso dicendomi: "Mi sento già meglio!". Ora so che non era un caso.

Quando arrivò il momento di scegliere 'quale lavoro fare da grande', visto che la seconda ossessione che avevo era il disegno e non avevo idea che potessero esserci strade legate alla ricerca spirituale, scelsi di fare la stilista. Un bel lavoro, fatto di viaggi in tutta Europa e nel Mondo, collezioni, sfilate, 'bel mondo'. Ho vissuto a Parigi, lavorato per marchi famosi, una bella vita, invidiata da tutti… eppure a me mancava qualcosa! Continuavo a pensare: "Non posso disegnare 'straccetti' per tutta la vita". Ciò che facevo era bello, ma troppo superficiale per la mia natura. Non sentivo il senso dell'esistenza, ma un profondo vuoto interiore, stavo andando verso la direzione che temevo sin da bambina.

Tra il 2001 e il 2003, sono entrata in una profonda crisi esistenziale, mi sentivo inutile e demotivata, la mia vita non aveva senso per me. Al mattino non riuscivo ad alzarmi dal letto. Non ero sul mio cammino e sentivo che stavo buttando la mia vita. Dovevo fare qualcosa di più e sapevo che c'era qualcosa che 'avrei dovuto fare' e che avrebbe dato senso alla mia esistenza…

Ma cosa? E come?

Pensavo di saper fare solo ciò che stavo facendo: la designer e che avrei continuato a fare quello tutta la vita...

Mi rassegnai a una vita che non sentivo essere mia.

2.4 Come vivevo il mio essere Diversa

Da piccola, giocavo a fare la strega, creavo pozioni magiche utilizzando detersivi e qualsiasi cosa si potesse mischiare, creando composti dai colori, consistenze e odori indescrivibili, facevo magie e sognavo di poter volare. Le altre bambine facevano giochi diversi, io preferivo i miei esperimenti, i misteri, la magia… Ripensandoci, quei giochi non erano casuali: stavo ripetendo gestualità familiari in vite passate, qualcosa che faceva parte di me.

Non parlavo con nessuno della mia sensitività, nessuno sapeva che vedevo, sentivo e percepivo ciò che gli altri nemmeno immaginavano esistesse. Mi sentivo strana, quindi nascondevo questo mio lato. Mi sentivo isolata e sola, anche se avevo i miei 'amici'.

La paura di andarmene senza aver trovato me stessa, realizzato lo scopo per cui sono qui e la paura di sprecare la mia vita, erano sempre presenti in me e, ancora oggi, si manifestano quando sento di avere delle resistenze e di non procedere alla velocità che vorrei verso la tappa successiva del mio cammino.

Questa paura mi ha salvato la vita!

2.5 L'arrivo dell'Arcangelo Michele nella mia vita

"I due giorni più importanti della vita sono quello in cui nasci e quello in cui capisci il perché".

Mark Twain

Tutta la vita ho svolto i miei studi attraverso letture, corsi, meditazione, ho fatto tante esperienze, anche accompagnata da alcune guide in carne ed ossa. Fino a quando l'Arcangelo Michele entrò nella mia vita. La prima volta che arrivò ero talmente emozionata da non ricordare ciò che mi disse.

Un bel giorno, ero nel mio studio a sperimentare su un mio amico una tecnica energetica appresa ad un corso e ricevetti una visita dell'Arcangelo Michele che mi disse: "Devi cambiare lavoro!".

Iniziai a ribellarmi.

Non sono mai stata propensa a ricevere ordini, né avevo mai pensato di trasformare in professione il frutto della mia passione, ricerca ed interesse personale. Mi sbagliavo.

"E cosa dovrei fare adesso? Non so fare altro!"

"Devi cambiare lavoro! Devi fare quello che stai facendo ora: aiutare le persone!".

Caddi dalle nuvole, la mia reazione fu un misto tra rifiuto e sollievo: mi fu rivelata una cosa che in realtà sapevo sin da bambina. Da lì partì il mio cammino.

Mi arresi, superando le resistenze e le paure del mio Ego, andando incontro al cammino che la mia Anima scelse ancor prima della mia incarnazione.

La mia vita è aiutarti a risvegliare l'Essere Divino che sei, far splendere tutta la tua luce, in modo che tu possa manifestare una vita oltre tutte le tue aspettative e la tua immaginazione.

Questa Missione può sembrarti tutt'altro che facile, ma per me è l'unica via.

Canalizzazione del 27 giugno 2018

"Lascia che ciò che sei si esprima nella sua totalità.

Senza giudicarlo, lasciati esistere ed essere senza pensare ai risultati e cercare di calcolarli.

L'esistere è il fine ultimo che è bene si compia nella sua totalità, è bene che si compia nell'essenza del fine esistenza/manifestazione della parte del Divino che rappresenti.

Accogli le tue differenze ed il tuo lato magico.

Esprimi e manifesta, senza curarti del risultato.

Rimani concentrato sull'esprimere il lato Divino che ti appartiene e vivi ballando e facendo della tua vita la tua esperienza più vera e sincera.

Esprimi l'Essenza autentica e godi del tuo Essere ciò che sei. Solo così troverai la pace".

Sarajevo, 22 luglio 2018

Sono in aereo, sto lasciando la Bosnia, dove ho avuto un'esperienza unica alle piramidi di Visoko.

Mai avrei pensato di poter vivere un'esperienza come questa. È stata molto lontana da quello che mi aspettavo, molto più intima, profonda e trasformativa di quello che potessi arrivare ad immaginare.

Visoko è un paesino della difficilmente raggiungibile Bosnia Herzegovina, dove esistono le piramidi più grandi e antiche che siano state scoperte sulla Terra. Sembra siano state costruite o modellate da civiltà non appartenenti a questo pianeta.

Era qualche anno che ne sentivo parlare e ne ero affascinata. Un giorno ricevetti un messaggio dalle mie guide: "Recati a Visoko! Devi fare questo viaggio entro luglio!".

Anche io, a volte, uso la testa e non sempre è un bene. Ho rimandato il viaggio pensando che non sarei riuscita ad organizzare questo viaggio per questo periodo.

Verso la metà di luglio la mia Guida mi porta nuovamente questo messaggio: "Devi partire per Visoko entro luglio!" mi disse in modo imperativo, non lasciando spazio a patteggiamenti, così, mi sono organizzata inventando il tempo che pareva non esserci.

Come al solito, quando ascolto i messaggi delle mie guide, la 'scelta' che mi suggeriscono è la migliore.
Ho vissuto un'esperienza talmente intensa e meravigliosa che penso di non potertela descrivere…

Trovi i video che ho girato, le meditazioni ed i lavori che ho condiviso sul gruppo Facebook Divine Connection all'hashtag #visoko.

Per vederli, iscriviti al gruppo:
http://bit.ly/gruppo-divine-connection

Ti trascrivo un post che ho pubblicato, colmo di emozione, sul gruppo DC:

> *Visoko, 19 luglio 2018*
>
> "Dalla cima della Piramide del Sole
>
> purezza e vibrazioni elevate, mi sento come se fossi tornata ad uno stato originale, come se la mia Anima si fosse appena incarnata, per la prima volta.
>
> Mi sembra di non avere mai avuto un passato, sento come se avessero ripulito tutte le mie memorie ed il pensiero, ora è solo questo momento, solo ciò che sono e ciò che faccio ora... esistere..."

Questa è la mia vita, vivo così. Nonostante all'inizio del mio cammino fossi tremendamente scettica nell'intraprendere questa strada e nonostante tutte le mie resistenze, ho imparato a seguire le informazioni che mi portano le mie guide e, ogni volta che seguo i loro suggerimenti, rimango allibita da ciò che accade.

La mia vita è piena di magia, è un continuo miracolo, colma di segnali e guidata da Entità di Luce.

Questo accade perché seguo ciò che mi viene indicato.

Ecco perché posso scrivere questo libro, perché sono la manifestazione di ciò che trasmetto, sono l'esempio vivente del messaggio che porto. Aiutarti a connetterti con te stesso e con il tuo Divino in modo che tu possa vivere una vita meravigliosa è la mia vita. La Divine Connection è arrivata dalle mie guide e dalla Fonte, per aiutarti in modi che potrai scoprire solo praticandola.

➜ <u>AREA RISERVATA DEL LIBRO</u> ⬅

trovi: Audiolibro e Contenuti Gratuiti

Per accedere, registrati a questo link:

➜ <u>http://bit.ly/risorse-libro</u>

I SEGRETI CHE HAI SCOPERTO NEL CAPITOLO 2:

- **SEGRETO n. 13:** Se ti sei sentito 'diverso' nella tua vita, non sei l'unico. Segui ciò che senti importante per te, anche se ti sembra strano e nessuno intorno a te sta facendo lo stesso.

- **SEGRETO n. 14:** Dentro di te ci sono tanti sogni, magari uno di questi è più grande degli altri, un sogno che avevi sin da quando eri bambino. Non gettarlo via solo perché sei l'unico a crederci. Non gettare la tua vita. Inseguilo e realizzalo!

- **SEGRETO n. 15:** Un giorno ti accorgerai che la decisione di credere e di realizzare il tuo sogno ha fatto la differenza nella tua vita!

- **SEGRETO n. 16:** Nella tua vita fai solo ciò che ti rende felice. Non adattarti a niente di meno.

- **SEGRETO n. 17:** È importante seguire i messaggi e le indicazioni che ti vengono dati dalla vita per aiutarti ad intraprendere il cammino migliore per te.

- **SEGRETO n. 18:** La differenza, nella tua vita, la fa la decisione e la determinazione che poni nel realizzare ciò che sogni. Ciò che risulta geniale nasce sempre da qualcosa che sembra folle e che nessun'altro comprende!

Capitolo 3

I segreti che devi conoscere per realizzarti

"Tutte le cose sono difficili prima di diventare facili".

John Norley

Il primo passo per poter proseguire il tuo cammino è comprendere dove ti trovi e fermarti ad ascoltare te stesso. Probabilmente è il contrario di ciò che hai fatto sino ad ora: fuggire da te stesso, mettere a tacere il tuo disagio e cercare di allontanare il dolore. Purtroppo questo, proprio non funziona!

- Come puoi andare oltre qualcosa di cui non sei consapevole?
- Come puoi superare un'emozione che cerchi di non sentire?

Ricordati che se continui a fare le stesse cose continuerai ad ottenere gli stessi risultati!

"Follia è fare sempre la stessa cosa aspettandosi risultati diversi".

Albert Einstein

Ricordati che non puoi risolvere un problema dallo stesso livello da cui lo hai generato.

"I problemi non possono essere risolti allo stesso livello di conoscenza che li ha generati".

Albert Einstein

3.1 Prima è importante che tu ti permetta di sentire…

Ora ti rivelerò qualcosa che probabilmente non sai, o se pensi di esserne a conoscenza, è perché lo hai solo letto o sentito dire. Ciò che sto per rivelarti probabilmente ti farà sentire molto contrariato o farti addirittura arrabbiare… Sei avvisato!

Sei pronto?

Il dolore, le emozioni tossiche e tutto ciò che ti ha finora rovinato la vita sono una pura illusione creata dal tuo Ego!

Questo non è piacevole da scoprire, se ripensi a tutta la tua vita e a tutto il tempo che hai buttato soffrendo. Ti sei crogiolato nel dolore, hai vissuto nel senso di colpa o hai cercato di crearne negli altri, hai parlato di ingiustizia fino ad arrivare a vivere il vittimismo… quanto tempo buttato!

Non è colpa tua! Fino ad oggi non lo sapevi, ma ora tutto è diverso perché adesso lo sai!

3.2 Perché?

Per cambiare la situazione è importante che tu sappia dove ti trovi: per sapere come raggiungere il luogo dove vuoi andare devi sapere da dove stai partendo.

Immagina di dover fare un viaggio e di avere in mano una mappa. Immagina di non avere idea di dove ti trovi.

Come puoi arrivare alla destinazione se non sai dove ti trovi?

Se non ti ascolti, non ti rendi nemmeno conto di avere un disagio e questo resterà latente, magari non ti accorgerai consapevolmente di quanto stai male e questo disagio avrà comunque effetti sulla tua vita.

Se non sei consapevole di avere un problema, starai male senza sapere perché. Ti troverai bloccato senza poter imputare il blocco ad una situazione e per questo non saprai cosa fare, non saprai come superare lo stallo e come poter raggiungere ciò che desideri.

Prendere consapevolezza del tuo disagio, del tuo dolore e soprattutto del tuo vuoto è fondamentale. Permettiti di sentire il dolore e il disagio anche a livello fisico e utilizza il metodo che troverai più avanti per trasformarli e vivere libero.

3.3 Cos'è l'Ego?

L'Ego è una parte di te che può essere tua amica o tua nemica. Ti suggerisco di non lottare contro il tuo Ego, perderesti.

Spesso mi sento chiedere: "Come posso uccidere il mio Ego?". La risposta è: "Solo uccidendo te stesso!". Non puoi uccidere una parte di te, lottare contro te stesso ti porta solo ad innescare un conflitto interiore… Non hai già abbastanza tematiche sulle quali lavorare?

L'Ego ha una funzione specifica: farti sperimentare la dualità, attraverso la quale puoi vivere conflitti, vedere le differenze e sperimentare la separazione in tutte le sue sfumature connesse alla paura. Senza l'Ego non potresti vivere questi aspetti, non avresti la possibilità di evolverti, di crescere, di intraprendere la strada che ti porta alla liberazione delle stesse illusioni portate dall'Ego e congiungerti con la verità.

Sei un Essere completo ed immenso, sei un Essere Divino e puoi trascendere gli aspetti che ti allontanano dalla tua versione più elevata.

3.4 Come faccio a sapere che la sofferenza è illusione e come anche tu puoi scoprirlo

Ora avrai modo di fare un esercizio molto semplice che ti permetterà di scoprire e di sciogliere una delle paure più tremende dell'essere umano e che, probabilmente, ti ha bloccato in molte situazioni della vita: la paura di sentire le emozioni e provare sensazioni spiacevoli.

Quando cerchi di evitare qualcosa, in realtà, stai fuggendo dal provare sensazioni che temi ti uccideranno. Sono seria. Sperimentarle sarà molto meno peggio di quello che credi.

Esercizio per l'ascolto delle emozioni

- Scegli con quale emozione dolorosa della tua vita fare l'esperienza.

  Prenditi un momento tutto per te, in silenzio.

- Ora, entra in contatto con l'emozione, permettile di farsi sentire, di essere con te e di intensificarsi, arrenditi alla sua presenza e alle sensazioni connesse, ascoltale, osservale, senza fare resistenza.

- Ora, hai varcato la soglia del massimo disagio relativo a quella situazione. Se smetterai di resistere a quel disagio, si placherà. Ti potrebbe arrivare da pensare: "Non è poi così terribile, lo immaginavo molto peggio di così".

  Noterai che la paura di provare dolore o di sentire il vuoto risulta essere peggiore del dolore stesso. Noterai ché è possibile dissociarti dalle emozioni che stai provando, dal dialogo interiore e osservare le emozioni in modo neutrale.

- Osservan queste emozioni e chiedi loro:
  - Qual è la tua funzione?
  - Qual è la tua intenzione positiva?
  - Cosa stai cercando di mostrarmi?
  - Per quale motivo ti sto provando?
- Rimani in ascolto senza giudizio. Se non la prima volta, con un po' di pratica, riceverai delle informazioni e potrai comprendere l'intenzione positiva di queste emozioni.
- Permettiti di accogliere l'emozione e, se ricevi informazioni utili, segui quei suggerimenti.

(Accedi all'AREA RISERVATA per scaricare l'audio gratuito).

Com'è stato fare questo esercizio? Molto meglio di quanto ti aspettassi, vero?

Scommetto che ora ti senti più sollevato e meno spaventato all'idea di provare quelle emozioni e sensazioni che sinora hai temuto.

Puoi farne esperienza tutte le volte che lo desideri, anzi, puoi iniziare ad accogliere le emozioni che temi di provare. Questo esercizio ti renderà più forte e libero.

3.5 Ma a cosa mi può servire 'ripulire'?

Più ti libererai dalla paura, più diventerai abile nel vivere l'esistenza con pienezza e armonia e nel creare la vita che desideri, più sarai in grado di lasciar andare ciò che non è in linea con il tuo bene.

L'essere umano ha la possibilità di riconoscere con più facilità, via via che ripulisce, ciò che sente disarmonico per sé e che stride con il suo cammino perché il suo livello di sensibilità aumenta. Questo perché accade?

Ti faccio un esempio: immagina un luogo sporco, pieno di polvere, spazzatura, bottiglie di plastica, mozziconi di sigaretta. Ora immagina un luogo pulito dove per terra non c'è nulla. In quale situazione ti sarà più semplice notare una cartaccia?

Un altro esempio: immagina una persona che si nutre di cibo spazzatura tutti i giorni.

Ora immagina una persona attenta all'alimentazione che sceglie cibo sano, semplice e naturale. Quale delle due persone si accorgerà più facilmente di ingerire cibo di pessima qualità che contiene conservanti e additivi? Rendo l'idea?

La stessa cosa accadrà a te: più ti ripulirai dalle paure, dalle emozioni, da ciò che ti limita o non risuona in te, più imparerai ad ascoltarti... di conseguenza aumenterà la tua capacità di rilevare ciò che non è in armonia con il tuo cammino e ciò che non è bene che entri nella tua vita.

Più porterai attenzione e ascolto a ciò che senti in armonia con te e ti fa stare bene, in pace e felice, più rifiuterai ciò che ti fa sentire in disarmonia e scegliere cosa accogliere o meno sarà sempre più facile.

(Accedi all'AREA RISERVATA per vedere il video con l'esercizio per l'ascolto del cuore).

3.6 Cos'è la Felicità?

Immagina di essere felice... Cosa provi e come ti senti quando sei felice? Cosa pensi e come ti muovi nei momenti in cui sei felice? A cosa ti sembra essere connessa la felicità?

"Non esiste vento favorevole per il marinaio che non sa dove andare".

Seneca

Come prima cosa, per ottenere ciò che vuoi devi sapere cosa vuoi. Generalmente, le persone pensano di desiderare 'cose', mentre, in realtà, desiderano emozioni. Tutte le volte che un essere umano dice di voler una casa, un'auto nuova, un nuovo compagno/a, in realtà, desidera le emozioni collegate a ciò che pensa di desiderare.

La felicità è uno stato che puoi provare indipendentemente dalle circostanze, quando ti liberi da schemi, da pensieri limitanti, dal pensiero di come secondo il tuo Ego dovrebbero essere le cose, da come dovresti essere tu, da come dovrebbero essere gli altri e da come dovrebbe essere la vita.

La felicità la provi quando ti connetti all'Essere che sei e cominci ad esistere come tale, senza limiti ed etichette.

La felicità viene dall'Essere non dall'Avere e nemmeno dal Fare.

La felicità viene dallo stato dell'Essere.

Tu sei, quindi farai ciò che l'Essere che sei ti porterà a fare e di conseguenza, otterrai cose, emozioni, situazioni connesse a chi sei. Non è l'ottenere che ti porta ad essere felice, ma è il permetterti di essere l'Essere Divino che sei che ti fa raggiungere quello Stato. Quello che comunemente pensi, invece, è: "Quando avrò… potrò fare… e quindi sarò felice".

Sequenza distorta:

Avere ➜ Fare ➜ Essere

Sequenza corretta:

Essere ➜ Fare ➜ Avere

La felicità esiste ed è a portata di mano: è il tuo stato naturale.

Puoi incontrarla quando sei pronto ad arrenderti alla vita per ciò che è, quando ti permetti di tuffarti appieno nell'esistenza, sperimentandola in tutti i suoi aspetti, smettendo di pretendere di controllare tutto e tutti e arrendendoti al flusso della vita.

Non puoi cercare al di fuori di te le risorse per raggiungere la tua felicità. La felicità non la raggiungi, la scegli! Nasce da te.

È uno stato che non è connesso alle circostanze ed è per questo che gli esseri umani hanno così tante difficoltà nel perseguirla: la cercano nel modo e nel luogo errato. Tu la cerchi fuori, mentre puoi trovarla solo dentro di te.

La felicità è uno stato connesso alla consapevolezza dell'Essere che sei e alla magia della vita. Non è qualcosa che puoi apprendere, è qualcosa che puoi sentire, percepire e vivere connettendoti con te stesso e permettendoti di percepire il tuo Essere infinito e Divino.

Al workshop Divine Connection Live conduco le persone a fare quest'esperienza che mille parole non potrebbero descrivere. Questo è lo stato in cui sei in contatto con la verità, lo stato dove non ci sono più domande, lo stato di connessione totale, lo stato di consapevolezza, che può diventare parte della tua esistenza grazie alla DC… ma questo lo vedremo più avanti!

La felicità è il tuo stato naturale, in cui non esistono separazione, paura, isolamento e solitudine, non esiste il conflitto, né il vuoto esistenziale: tutto è Uno, ti senti in pace e ti senti a casa. Non c'è sofferenza.

Non è comprensibile razionalmente, è lo stato dell'Essere che si può solo percepire: uno stato di totalità, di unità e di pace che la mente non concepisce. Non è possibile descrivere ulteriormente quello stato con le parole.

3.7 In fondo vuoi solo sentirti al sicuro…

L'essere umano si identifica con la mente, che crea separazione a causa del filtro con cui vede la realtà, frutto delle esperienze vissute e delle ferite subite. L'Ego (il guardiano che è interessato solo alla tua sopravvivenza) si allarmerà quando le ferite subite o le informazioni di pericolo che hai appreso vengono richiamate in superfice attraverso esperienze dirette o indirette.

L'essere umano cerca la sicurezza e la tranquillità e tutto ciò che può farlo sentire a proprio agio. La sicurezza è un'illusione e questo è uno dei motivi della tua infelicità. Tu cerchi la sicurezza e quando raggiungi ciò che secondo te è connesso alla sicurezza e alla felicità, scopri che ciò che pensavi sicuro non lo è, e soprattutto non ti a provare felicità.

Come hai visto nelle pagine precedenti, la felicità non può né arrivare né essere portata a te: è uno stato, puoi solo essere felice a prescindere dalle circostanze. Tutto può cambiare in un attimo e in un istante puoi perdere tutto ciò che hai raggiunto con tanto sforzo. La vita vuole portarti a trovare l'unica vera e profonda sicurezza: la tua esistenza quale Essere illimitato!

Non è con gli attaccamenti ed il controllo che puoi raggiungere la meta della felicità. La vita, presto o tardi, se non te ne rendi conto da solo, sarà obbligata a mostrartelo.

La felicità non è la meta, è il viaggio… e la strada per la felicità non è quella che porta alla sicurezza.

"A volte l'uomo inciampa nella verità, ma nella maggior parte dei casi, si rialza e continua per la sua strada".

Winston Churchill

3.8 Come sarebbe se tu mettessi un pizzico di coraggio per cambiare le cose?

Puoi osservarti e arrivare ad essere presente e consapevole in ogni istante della tua vita.

Quando sei in Divine State, la tua vibrazione non viene distorta da pensieri compulsivi, da paure, da preoccupazioni o dal desiderio di abbandonarti allo sconforto e al vittimismo.

L'auto-osservazione è un primo approccio per mettere a tacere quei pensieri che ti portano fuori strada, ai quali è così facile abbandonarsi nei momenti difficili.

Quando non ti senti bene, è più semplice continuare a crogiolarti nella sofferenza e nel dolore, piuttosto che cambiare stato ed arrivare a sentirti bene facendo qualcosa di molto semplice che ti permetterebbe una trasformazione immediata… Se vuoi cambiare le cose devi fare qualcosa di diverso dal solito. Ricordalo!

"Molti passi falsi vengono compiuti stando fermi".

Biscotti della Fortuna

Per cambiare è importante trovare il coraggio di uscire dal ruolo di 'vittima delle circostanze' e prendere in mano la tua vita.

Se scegli il ruolo di vittima, allo stesso tempo, scegli di essere il 'carnefice' della tua esistenza e del tuo successo. Si tratta di scegliere di smettere di fare qualcosa a cui sei abituato e utilizzare la Divine Connection per cambiare stato in pochi minuti.

Nel Divine State sei nel presente, sei più saggio, sai cosa è vero e cosa illusorio, provi solo emozioni positive, ti senti completo, non ti serve altro, ti senti in pace e ti senti a casa. Da qui puoi iniziare a realizzare una vita che ti piace e progetti che ti stanno a cuore, ed in questo sarai molto più performante perché non sarai più in contatto con lo stato di paura.

Come sarebbe se trovassi questo coraggio?

3.9 Emozioni o sensazioni?

Quando ti parlo di ascoltare il tuo sentire è in realtà molto più semplice di ciò che puoi immaginare. Nel tuo corpo senti le risposte in merito alle domande che ti poni e al ciò che stai vivendo. Esistono sia emozioni che sensazioni piacevoli e positive che spiacevoli e negative.

Attraverso le sensazioni puoi comprendere se esiste qualcosa che ti blocca e se la situazione nella quale ti trovi può essere bene per te oppure no e quindi come fare le tue scelte. Il tuo corpo risponde alle sollecitazioni dandoti le risposte alle tue domande facendoti provare delle sensazioni a livello fisico.

Le emozioni e le sensazioni, vengono alimentate dai pensieri che, a loro volta, alimentano le emozioni.

Quando si attiva un trigger, connesso ad esperienze che hai registrato come dolorose o pericolose, si innesca un circolo vizioso, la consapevolezza 'va a farsi friggere' e, anche se hai fatto 'millemila' percorsi di crescita e di risveglio vieni riportato inconsciamente all'età di tre anni, da un sopracciglio alzato, nel momento in cui il babbo ti aveva rimproverato.

La perdita di consapevolezza dell'immensità del tuo Essere avviene quando cedi lo scettro del potere al tuo Ego che è guidato dalla paura. Qui deve entrare in campo un rimedio più veloce del pensiero e che sia più efficace di tutti i pensieri catastrofici che emergono dopo che un *trigger* ti colpisce con tutti i suoi effetti devastanti.

Ce l'abbiamo, e lo scoprirai più avanti.

"Ci sono due errori che si possono fare lungo la via verso la verità... non andare fino in fondo, e non iniziare".

Confucio

C'è differenza tra emozioni e sensazioni.

Entrambe sono la risposta alle sollecitazioni che ricevi dall'esterno (eventi) e dall'interno (pensieri e memorie).

Le sensazioni le percepisci a livello del corpo fisico, le emozioni sono connesse agli stati d'animo e le provi nel corpo emozionale.

Quando provi un'emozione, proverai anche delle sensazioni nel corpo e viceversa.

Variano in base alle esperienze che hai vissuto. Ad esempio, se per te, a causa delle tue esperienze, le relazioni di coppia sono connesse alla sofferenza, ti sentirai male quando qualcuno si avvicinerà a te (a livello di emozioni e di sensazioni), soprattutto se ti interessa, potresti addirittura arrivare ad allontanarlo o a scappare.

Le emozioni non ti dicono la verità in merito a cosa sia bene per te e non sono buoni consiglieri per fare una scelta. Osservarle ti porta a comprendere maggiormente te stesso e a prendere consapevolezza delle tue ferite perché tu possa lasciarle andare.

Le sensazioni ti danno un segnale che ti indica che va tutto bene o un allarme che si presenta come sensazione spiacevole quando 'qualcosa non va'.
L'allarme può scattare quando inconsciamente temi di trovarti in una situazione di pericolo sia reale che connesso a un ricordo di una ferita del passato. In questo caso si presenta come sofferenza legata alla memoria o resistenza legata alla paura di provare nuovamente il dolore connesso all'esperienza.

Le emozioni pure ed elevate, come pace, amore incondizionato e gratitudine si innescano in assenza di pensiero, quando arrivi alla quiete interiore, quando la mente si placa, e sono frutto della connessione con l'Essere Divino che sei. Puoi decidere di entrarvi attivando il ricordo di una situazione in cui hai provato l'emozione che desideri evocare.

Le emozioni elevate nascono dall'interno, non da sollecitazioni esterne. La DC ti porterà nello stato in cui puoi sperimentare tutto questo in pochi istanti.

3.10 Ma tu quante paure hai?
Una sola: quella di morire!

L'unica paura che esiste davvero nell'essere umano è quella della morte. Per l'Ego, che agisce spinto dalla paura ed è quasi sempre in allarme, la possibilità di morire è sempre dietro l'angolo.

L'Ego si sente sempre in pericolo e sente il bisogno di difendersi difendendoti, bloccandoti tutte le strade che potrebbero portarti al presunto pericolo. Per il tuo Ego è pericoloso il giudizio degli altri, il rifiuto, l'abbandono, sbagliare, fallire, non essere amato. Tutti questi sono, per il tuo Ego, pericoli che potrebbero condurti alla morte.

Perché?

Immagina quando eri un bambino. Cosa pensi sarebbe potuto accadere se tu avessi fallito nel farti amare e di conseguenza nessuno ti avesse amato, se ti avessero rifiutato e per questo abbandonato?

L'Ego entra in allarme ogni volta che ti metti in una situazione di apparente pericolo e ti spingi al di là delle tue abitudini, che sino ad ora sono state per te fonte di sicurezza, quindi cerca di sabotare i tuoi nuovi progetti ed i tuoi tentativi di varcare la soglia di ciò che reputa sicuro.

La Paura è connessa al futuro e alla tua incapacità di restare nel presente. Nel presente non esiste paura. Solo quando fuggi dal presente e ti proietti nel futuro, arrivi a preoccuparti di cosa potrebbe accadere, spesso basandoti su esperienze del passato che difficilmente si riverificheranno.

Quando sei in vibrazione con la paura, attrai ciò che temi, vibrando nella stessa frequenza e realizzandone la profezia autoavverante per darti ragione.

La paura ti è utile solo quando sei in reale pericolo di vita, altrimenti ti blocca. La sua unica funzione è quella di imparare a trascenderla, e per questo, la Divine Connection ti può aiutare.

3.11 Ti manca qualcosa?

Tu sei più un 'tipo gratitudine' o un 'tipo mancanza'?

Mi spiego meglio: quando ti trovi in una determinata situazione, tendi a concentrarti su ciò che va bene o su ciò che non hai per renderla perfetta? Nelle tue giornate noti di più le meraviglie della vita o sei più concentrato su ciò che non va, che ti manca e che vorresti?

Non mentire a te stesso... Non esiste una cosa migliore di un'altra; conoscerti può esserti più utile che dire a te stesso di essere perfetto... almeno puoi farci qualcosa.

Cos'è la mancanza?

La mancanza è connessa alla ricerca di una gratificazione dell'Ego che avviene grazie a cose, situazioni e persone con cui riempire il vuoto che senti dentro di te.

Ti sei mai trovato concentrato nell'ottenere qualcosa e pensare che solo nel momento in cui avresti soddisfatto quel bisogno saresti stato felice?

Ti sei ritrovato ad inseguire l'oggetto dei tuoi desideri pensando che solo dopo il suo raggiungimento, nella tua vita sarebbe giunta la felicità, ma una volta raggiunto, sembrava mancare sempre qualcosa.

Ti sei concentrato sulla ricerca della relazione perfetta, del benessere economico, della casa fatta proprio come la volevi tu, o magari nel tenere in ordine la tua casa o la scrivania, nell'ottenere il titolo, quel riconoscimento senza il quale non ti sentivi 'cool' o completo. Sentivi che per partire con un progetto, avere 'quella' determinata 'cosa' era veramente necessario, imprescindibile per poter iniziare!

Niente di più illusorio! Nel momento in cui dovessi raggiungere tutte 'queste cose', scopriresti che il vuoto non si è colmato e saresti spinto a cercare un nuovo oggetto/situazione di cui senti il bisogno. Cercheresti sempre qualcosa di esterno, attraverso il quale sicuramente non arriverai a sentirti bene, completo e appagato.

Man mano che ripeti questo tipo di esperienza, sarà sempre più difficile continuare a illuderti di poter colmare il vuoto in questo modo e, se non farai un salto di consapevolezza, questo potrà portarti alla disperazione più profonda, da qui all'eternità.

Potresti cominciare a sentirti come con un pugno di sabbia finissima tra le mani: più stringi i pugni più la sabbia ti sfugge di mano. Tu puoi essere felice ora con ciò che hai e ciò che sei, senza bisogno di aggiungere niente!

Uno dei compiti della vita è proprio quello di risvegliare la consapevolezza che tu puoi essere felice e realizzato a prescindere dalle circostanze. Questo può accadere solo quando sei connesso alla tua Essenza, e può mostrarti come tutto ciò di cui hai bisogno è già li con te. Ti chiederai: "Sì, ma come faccio?" E a questa domanda troverai risposta nei prossimi capitoli.

Ricercare una soluzione unicamente all'esterno deriva da un'abitudine che hai appreso dal comportamento degli esseri umani. Come puoi arrivare all'appagamento, continuando a spostare l'obiettivo su qualcosa che è esterno a te? Se non ti risvegli prima, la vita, man mano, ti toglierà ciò che è illusorio.

La verità ti appare quando la vita ti allontana da tutto ciò che hai costruito e con cui ti sei identificato, che non rispecchia il tuo Essere. Questo puoi lasciarlo fare alla vita, oppure scegliere di fare il salto di consapevolezza entrando in contatto con la verità del tuo Essere.

È importante che tu faccia questo passaggio al più presto, altrimenti sprecherai il tuo… Utilizzalo, invece, per essere felice! Scegli di essere felice ora, concentrandoti su ciò che sei, non su ciò che hai, lasciando andare le illusioni dolorose, percependo davvero te stesso e la magia dell'esistenza. Avrei un'idea in merito a cosa potrebbe aiutarti… e tu?

→ <u>AREA RISERVATA DEL LIBRO</u> ←

trovi: Audiolibro e Contenuti Gratuiti

Per accedere, registrati a questo link:

→ <u>http://bit.ly/risorse-libro</u>

I SEGRETI CHE HAI SCOPERTO NEL CAPITOLO 3:

- **SEGRETO n. 19:** Ascolta te stesso per riappropriarti del tuo sentire e comprendi quali sono i 'punti bui' che ti impediscono di essere nello stato naturale di gioia.

- **SEGRETO n. 20:** Il dolore e la sofferenza sono illusioni che tu senti e vivi, ma non corrispondono alla verità.

- **SEGRETO n. 21:** La felicità dipende da te, non è con il controllo, con gli attaccamenti o con la ricerca della sicurezza che puoi essere felice, ma solo essendo chi sei e arrendendoti alla saggezza dell'esistenza.

- **SEGRETO n. 22:** Quando cerchi di evitare qualcosa, stai fuggendo dallo sperimentare quelle sensazioni, che temi saranno peggio di quanto immagini.

- **SEGRETO n. 23:** Man mano che ti 'ripulisci' sarai in grado di riconoscere, con più facilità ciò che è in disarmonia con te.

- **SEGRETO n. 24:** Tu pensi di desiderare cose, mentre desideri emozioni. Quando dici di volere una cosa, in realtà desideri le emozioni collegate a ciò che credi di desiderare.

- **SEGRETO n. 25:** Tu puoi essere felice ora come sei e con ciò che hai, senza bisogno di aggiungere niente! La felicità parte sempre da dentro, non da fuori.

Capitolo 4
Come ci sono arrivata io puoi arrivarci Tu!

"Qualunque cosa tu possa fare, o sognare di fare, iniziala!
L'audacia ha in sé genio, potere e magia. Iniziala adesso!"

Johann Wolfgang Goethe

4.1 Eppure lo sapevo...

Per tutta la vita ho cercato qualcosa che permettesse alle persone di sentirsi bene, in pace e di ritrovarsi. Ho studiato dal Reiki, al tapping, alle regressioni, a moltissimi metodi energetici più o meno conosciuti tanto da poter tappezzare una casa da 160 m² con i certificati. Tecniche bellissime, alcune anche utili, ma troppo complesse da praticare.

Le persone che trattavo stavano attraversando un momento di difficoltà e non avevano la forza di fare pratica autonomamente. Queste tecniche richiedevano impegno, forza di volontà, tempo, dedizione e spesso erano noiose.

Inoltre, nessuna di queste dava la soluzione definitiva portando davvero pace, armonia, liberando dai blocchi, dal vuoto, dal dolore e dalle paure. Cercavo la soluzione perfetta e sapevo che esisteva.

Doveva essere qualcosa di potente, immediato e soprattutto semplice, che permettesse di fare una trasformazione interiore, che portasse consapevolezza e indipendenza... e se fosse stata anche molto piacevole da svolgere, sarebbe stato perfetto! Chiedevo troppo?

Ero sicura che la soluzione c'era, anche perché le mie guide continuavano a mostrarmi una visione: le persone si risvegliavano in pochi minuti, entravano in uno stato di pace profonda, centratura, consapevolezza e cambiavano... Sì, cambiavano! Quindi la soluzione c'era davvero ed io dovevo solo trovarla.

Non si trattava di snaturare le persone o di portarle ad un miglioramento, bensì di qualcosa di più semplice: lasciar andare ciò che le allontanava da se stesse e che le portava a percepire la sofferenza connessa all'illusione della dualità.

Si trattava di sciogliere i limiti nella visione della vita e in merito a se stessi, di eliminare gli schemi e tutto ciò che è illusione, per lasciare emergere lo stato naturale, che è in ogni essere. Il cambiamento consisteva nel liberare l'umanità da tutto ciò che impediva al singolo di essere chi realmente è.

Ma come farlo? Bastava connettere le persone allo Stato Divino, eliminare ciò che non sono per lasciar emergere la loro vera Essenza... ma questo l'ho scoperto quando ho cominciato a ricevere le informazioni che stavo aspettando...

Era la prima volta che perlustravo l'Andalusia. Il 26 novembre 2017, era mattino presto, il sole non era ancora sorto e stavo facendo la mia meditazione quotidiana.
Ad un certo punto ho sentito un cambiamento di energia, molto potente: stava accadendo qualcosa di sconvolgente, sentivo che potevo scegliere se bloccarlo o se affidarmi e lasciarmi andare.
Le mie guide hanno iniziato a portarmi le informazioni che stavo attendendo da tutta la vita e a darmi una visione del 'progetto' gigantesco, tanto da lasciarmi senza fiato. Ho visto un mare di gente

in un ambiente aperto, immenso, l'energia era pazzesca, quasi non si riusciva a stare in contatto con quella potenza.

Ho visto le persone elevarsi, risvegliarsi, trasformarsi, una dopo l'altra, ho visto il progetto al culmine della sua realizzazione, ho visto il Mondo che si stava risvegliando davvero.
Se ci ripenso, ancora mi emoziono, era talmente reale che mi pareva di poterlo toccare. Non mi avevano ancora dato tutto il metodo, ma solo un nome: Divine Connection.

"Quanto è importante il risveglio dell'Umanità?
Quanto è importante per l'Umanità lasciar andare l'illusione di dover essere e vivere qualcosa che non le appartiene?
Quanto è importante che ognuno possa intraprendere il proprio cammino e manifestare se stesso autenticamente?
Quanto è importante che ognuno possa liberarsi dall'illusione di paura e dolore?
Questo è lo stato di risveglio e di assenza di dolore che si raggiunge quando ci si libera dall'illusione del dolore e ci si permette di essere liberi dalla paura della sofferenza.
Questo progetto permette un risveglio del singolo e, attraver-

so il risveglio del singolo, un risveglio planetario.

Con la DC ci si connette ad un Campo Energetico che contiene le informazioni e le intenzioni legate al metodo; questo Campo diventa più forte e di supporto man mano che utilizziamo il metodo.

Man mano che sempre più persone utilizzeranno la DC, raggiungeremo la 'massa critica', che sarà in grado di trasformare l'energia del pianeta".

Inizia così il messaggio che ho ricevuto dagli Esseri di Luce sulla Divine Connection.

Il mio compito è fare in modo che tu possa utilizzare il metodo per il tuo risveglio e che possa sperimentare che:

- non ha senso vivere nel dolore,
- non ha senso vivere nella paura,
- non ha senso vivere male e fare ciò che non ti piace e non ti fa sentire bene,
- puoi scegliere e manifestare la tua vita da uno Stato di Divinità e non più di paura,

- puoi riuscire a cambiare il tuo stato in ogni situazioni in pochi minuti,

- stati come tristezza, rabbia, paura o l'essere fuori dal tuo potere sono possibili solo se non stai facendo ciò che è necessario per uscirne, e presto sarai in grado di farlo,

- quando sei nel Divine State sei in contatto con la verità e tutto ciò che non è verità perde di interesse.

Ti rendi conto di che impatto possa avere tutto questo sulla tua vita? Immagina tante persone che, come te, siano arrivate alla stessa esperienza e consapevolezza… Ti rendi conto di che impatto possa avere tutto questo a livello mondiale?

Immagina un pianeta risvegliato. Noi tutti verso un mondo idilliaco, che si rivela possibile se si è in pace, liberi dalla paura, nella verità del cuore; possibile se si è in Divine State, il nostro stato originario di unione che ci fa sentire a casa in ogni luogo e in ogni situazione.

Tutto questo è possibile se siamo in crescita, in esplorazione e in espansione, tendendo verso la nostra versione migliore e continuando ad evolvere in una danza senza fine, piuttosto che involvere in una lotta senza fine, nella gioia e nella verità di chi siamo, piuttosto che nell'illusione del dolore, della paura e di chi non siamo.

Tutto questo è possibile, ma non posso realizzarlo da sola. Tu puoi contribuire a far sì che tutto questo diventi realtà, per te per i tuoi cari e per tutta l'umanità.

Se ti permetterai di sentirne la potenza, l'efficacia e la potenzialità e vorrai farne parte, rimani in contatto con me e aiutami a portare avanti questo progetto, per te e per tutti.

Saint-Peire, sabato 16 giugno 2018

Un importantissimo maestro di yoga di Torino mi ha invitata a tenere la conferenza della serata conclusiva del ritiro annuale, con 120 persone presenti.

Per questo evento arrivo da Malaga e sono felice di incontrare tante persone nuove. Sta per iniziare la serata: prove tecniche, organizzazione e preparazione della sala… tutto pronto.

La serata inizia. Dopo i primi messaggi consegnati dagli Esseri di Luce e dopo aver sperimentato la versione Beta della Divine

Connection, il 30% della sala si alza e si allontana…

Non mi era mai successo!

Ammetto, non è stato piacevole: subito sono stata assalita da una serie di dubbi: "Sono stata lenta? Noiosa? Erano troppo stanchi dopo due giorni di yoga? Non gli è piaciuto? Non hanno sentito nulla? Non sono più capace di tenere una serata?".

Sentivo che non erano queste le spiegazioni, infatti c'era anche chi, stanchissimo, è rimasto anche fin dopo la serata a fare domande. Il senso era un altro: non tutti sono pronti a cambiare quando trovano lo strumento che permette loro di risolvere davvero le cose. Un conto è fare ricerca, un altro è trovare la soluzione, soprattutto se è semplice, applicabile ed estremamente efficace.

Non tutti sono pronti a lasciar andare le scuse che hanno creato nella loro vita per sentirsi impotenti e vittime delle circostanze, preferiscono invece continuare a dirsi quanto sia impossibile cambiare.

Non tutti sono pronti a fare i passi che consentono di trasformare la loro vita e realizzare i loro sogni, di essere realmente chi sono e sentire che sono potenti, infiniti, Divini, quei passi che non gli consentono più di bloccarsi.

Solo una parte è pronta a scegliere di fare questo passaggio. Gli altri preferiscono rimanere nei loro limiti. Questa risposta mi è arrivata verso la fine della serata.

Io stessa ho applicato il processo della Divine Connection su di me per tornare nello stato corretto e concludere al meglio la serata.

Ciascuno di noi ha la possibilità di decidere per la propria vita ed ha la responsabilità delle sue scelte.

Tu stesso, entrando in contatto con le risposte alle tue domande, con ciò che risolve i problemi che ti porti avanti da tanto tempo (magari da sempre), puoi scegliere di utilizzare il processo, di trovarti 'nudo' e senza scuse per poterti manifestare pienamente nella tua esistenza.

Oppure, puoi scegliere di continuare a raccontarti delle scuse, a nasconderti e rimanere nella stessa situazione dolorosa, ma nello stesso tempo comoda, e continuare a cercare per tutta la vita qualcosa che hai già trovato, senza incontrarlo mai, perché non sei pronto a manifestare il vero cambiamento.

Non c'è un 'giusto' né uno 'sbagliato', ci sono solo risultati diversi che scegli di raggiungere: uno è più comodo e già lo conosci, non devi metterti in discussione, puoi continuare a fingere di ricercare una soluzione su una strada che non ti conduce al cambiamento, ma ti offre solo quell'illusione di sicurezza e di belle giustificazioni.

L'altra strada è più scomoda: è quella del vero cambiamento, dove realmente fai piazza pulita di tutti i limiti, delle illusioni, di ciò che ti racconti per non cambiare e per non muoverti.

Questa, però, è la strada della soluzione, dove puoi creare uno spazio vuoto, al posto dei limiti, da riempire con la verità che sperimenterai. Puoi fare talmente tanta pulizia da diventare tu stesso la soluzione e permetterti di esprimere chi sei realmente: un Essere Divino che può manifestare davvero tutto, tutto il meglio che è, tutti i suoi sogni ed essere protagonista, artefice della sua vita e creatore della magia della sua esistenza.

Non sempre le persone sono pronte a cogliere la magia, specie se è a portata di mano... Questa è stata una bella lezione per me.

Io non posso fare il processo per te, non posso obbligarti a stare bene, né ad essere felice!

Io posso solo mettere a disposizione quanto ricevo, poi la scelta di utilizzare ciò che stai cercando da tutta la vita, o continuare a raccontarti 'storielle' e proseguire la tua vita tale e quale a com'è stata sinora, è tua.

Certo, per fare il passaggio c'è bisogno di un po' d'impegno, ma è talmente poco rispetto a quanto normalmente ti impegni per soffrire…

4.2 Ma io non ho tempo di fare tutto questo…

Il corpo invecchia, si deteriora, questo serve a ricordarci che il nostro 'stare qui' ha una scadenza ed abbiamo un tempo limitato per portare avanti il cammino evolutivo della nostra Anima.

Non siamo qui per una vita stabile, sicura, sempre uguale, siamo esseri in movimento e in trasformazione, che è bene che vedano e vivano il passare del tempo, anche attraverso la trasformazione del corpo.

Tu non sei il tuo corpo, il corpo è come una macchina: quando hai finito il tuo compito, lo abbandoni.

Il corpo invecchia per ricordarci che non siamo eterni in questa forma, sta a noi proseguire verso ciò che ha scelto la nostra Anima ed essere felici, o avanzare per la via di sempre, che rassicura il nostro Ego e ci rende infelici.

Possiamo scegliere se esprimere il nostro Sé autentico oppure l'immagine che il nostro Ego ha costruito per sentirsi al sicuro.

Hai mai conosciuto donne e uomini bellissimi che non attraevano nessuno o donne e uomini tutt'altro che belli che attraevano l'altro sesso come il miele attrae le api? Questo perché? Te lo sei mai chiesto?

Perché la tua bellezza parte prima di tutto da dentro, è l'emanazione della tua energia, della tua Essenza e della consapevolezza del tuo splendore.

Il contatto con la tua Essenza è ciò che ti porta a star bene e a sentirti in armonia con quanto ti circonda, di cui fai parte.

Il lavoro che faremo insieme ti condurrà a stare in contatto proprio con quella parte e a provare quello 'Stato di Grazia'.

Come ti ho già detto, il metodo funziona, bisogna solo utilizzarlo.

A questo punto, si innesca un copione: "Ma io non ho tempo… Dove trovo il tempo?".

"Dire che non hai tempo di migliorare la tua vita è come dire che non hai tempo di fermarti a fare benzina perché sei troppo impegnato a guidare. Alla fine sarai comunque costretto a fermarti".

Robin Sharma

Ti rendi conto di cosa stai dicendo?

Stai dicendo che non hai tempo per te, che è meglio buttare via la tua vita per fare, mi spiace dirtelo, tutte quelle attività prive di utilità e di significato che porti avanti come riempitivo del tempo o compensative di una vita vuota che non ti soddisfa, che, nel momento in cui starai bene, non avrai più bisogno di fare?

Se hai bisogno di un piccolo elenco, queste attività sono:

- Giornali e telegiornali, quella che viene chiamata informazione… E tu mi dirai: "Ma io mi devo informare…". Non mi invitare a nozze!

  Quella non è informazione, se non usi canali diversi da quelli classici ed usuali, non ti stai informando, ti stai solo bevendo notizie che vengono scritte per vendere i giornali, per incutere paura, per chiuderti la mente e bloccare la tua creatività, il tuo pensiero e il tuo risveglio. Spiegami quale utilità può avere nella tua vita sapere dell'ultimo crimine o dell'ultimo pettegolezzo… Pensaci…

Ci sono molte cose delle quali un uomo saggio potrebbe desiderare di essere all'oscuro.

Ralph Waldo Emerson

- Televisione con programmi inutili che spesso vengono guardati in modalità 'ameba che vuole solo spegnere il cervello dopo una giornata difficile'. Se utilizzerai il metodo, non avrai giornate tali e quindi nemmeno il bisogno di ridurti ad essere un'ameba per dimenticare la tua triste realtà.

- Social media a gogo… Il social media è uno strumento che, se utilizzato con saggezza, può essere utilissimo e interessante. Ma come lo utilizzi?
Spesso è utilizzato anche questo come riempitivo del tempo della vita, per non sentirti solo perché hai problemi relazionali,

o per sentirti attivo ed impegnato e dare senso apparente alla tua esistenza, che percepisci vuota e spesso alienante.

Se utilizzerai il metodo, non avrai bisogno neanche di questo.

Chiediti almeno tre volte al giorno:

"Sto inventando delle cose da fare per evitare di fare

ciò che è davvero importante per me?".

La risposta è: Sì!

- Pettegolezzi e discussioni inutili atti solo a riempire il tempo che, se vissuto in silenzio, ti connetterebbe al tuo vuoto esistenziale e alla solitudine.

  So che rischio di ripetermi, ma se userai il metodo, non avrai questi problemi e sceglierai con cura come usare il tuo tempo prezioso, come risorsa limitata, che potrebbe anche aumentare in quantità, oltre che in qualità, visto che la felicità ti porta alla salute e alla longevità, mentre l'infelicità…

- Dormire in eccesso, e tu mi dirai: "Ma devo riposare, dopo una giornata stancante e stressante…". Dormire è come morire, tu ti spegni e non ci sei più, non hai più nessun pensiero, nessuna incombenza, ti spegni e stacchi tutto ciò che non ti piace, lo stress, la vita.

Se userai il metodo, non ti sentirai vuoto, demotivato, stressato e vivrai appieno ogni tua giornata, avrai molta più energia e non vedrai l'ora di alzarti al mattino, dormirai molto meno sentendoti molto meglio.

Inoltre, sarai libero dalla paura e quindi, se la vita che stai vivendo non ti piace, semplicemente la cambierai!

Cos'è che ti blocca in questo processo?

La paura dell'insicurezza?

La paura della solitudine?

La paura del giudizio?

La paura di sbagliare?

La paura di non farcela?

La paura di non essere in grado?

La paura di farcela?

Potrei andare avanti all'infinito… Sempre di paura si tratta…

E tu sai già cosa sto per dirti, vero?

Lavoraci con la Divine Connection!

"Quando scoprirai chi sei, riderai di ciò che credevi di essere".

Buddha

→ <u>AREA RISERVATA DEL LIBRO</u> ←

trovi: Audiolibro e Contenuti Gratuiti

Per accedere, registrati a questo link:

→ <u>http://bit.ly/risorse-libro</u>

I SEGRETI CHE HAI SCOPERTO NEL CAPITOLO 4:

- **SEGRETO n. 26:** Lo stato di risveglio e di assenza di dolore si raggiunge quando ci si libera dall'illusione della sofferenza, della paura, e dalla paura della sofferenza.

- **SEGRETO n. 27:** Non tutti sono pronti alla soluzione, soprattutto se è semplice, applicabile ed estremamente efficace. Non tutti sono pronti a lasciar andare le scuse che hanno creato per sentirsi impotenti e vittime delle circostanze, continuando a ripetersi quanto sia impossibile per loro cambiare... (rileggi il caso di Lucia nel cap. 1).

- **SEGRETO n. 28:** Gli strumenti funzionano solo se li utilizzi.

- **SEGRETO n. 29:** Il nostro 'stare qui' ha una scadenza ed abbiamo la possibilità di scegliere che tipo di vita vivere.

- **SEGRETO n. 30:** Chiediti almeno tre volte al giorno: "Sto inventando delle cose da fare per evitare di fare ciò che è davvero importante per me?".

- **SEGRETO n. 31:** Sta a noi scegliere di proseguire verso la via della nostra Anima ed essere felici o avanzare per la via di sempre, che rassicura il nostro Ego e ci rende infelici.

- **SEGRETO n. 32:** Il contatto con la tua Essenza è ciò che ti porta a star bene e a sentirti in armonia con ciò che ti circonda.

Capitolo 5
Come può cambiare la tua esistenza

"Una freccia può essere scagliata solo tirandola indietro. Quando la vita ti trascina indietro con le difficoltà, significa che ti sta per lanciare in qualcosa di grande. Concentrati e prendi la mira".

Dalai Lama

"Il cambiamento non è mai doloroso, solo la resistenza al cambiamento lo è".

Buddha

Come ti ho già scritto, la mia Missione è quella di portarti ad incontrare il tuo Divino, aiutarti a liberarti dalle illusioni affinché tu possa risvegliarti e creare una vita meravigliosa.

Ma tu vuoi tutto questo?

Io non posso portarti dove tu non sei pronto ad andare, si, perché ottenere questo risultato dipende da te. Io posso fare magie e doppi salti mortali, ma da sola non ho il potere di cambiare la tua realtà.

Questo fa parte del libero arbitrio e del rispetto della volontà altrui: per quanto noi possiamo essere un tutt'uno, non abbiamo il diritto né la possibilità di decidere per gli altri.

C'è bisogno della tua collaborazione, della tua volontà e della tua scelta.

Per ottenere un cambiamento e nuovi risultati, devi sceglierlo ed essere disposto a fare tutto ciò che è necessario per ottenerlo. Devi agire, e per agire devi scegliere. Non esistono scorciatoie, non ci sono vie d'uscita, non puoi 'consegnare' i tuoi problemi a qualcuno che te li risolva. Non funziona così.

> *"Sii il cambiamento che vuoi vedere nel Mondo!"*.
> **Mahatma Gandhi**

Se le cose attorno a te non vanno come vorresti, ricorda che per la 'legge dello specchio', ciò che vivi e ciò che ti circonda non fa' che riflettere chi sei, ciò che credi e che vibri.

Tu puoi cambiare le cose solo cambiando te stesso.

Non puoi cambiare tutti gli specchi che incontri e che riflettono ciò che non ti piace, puoi solo cambiare te stesso, così cambierà il riflesso che gli specchi ti mostrano.

Questa comprensione riporta l'attenzione su di te. Mettendoti come 'oggetto di trasformazione' ti riappropri del potere di cambiare le cose.

Ricordati che tu sei qui per crescere, per imparare, per diventare la versione migliore di te stesso e il termometro che misura quanto sei sulla buona strada è la vita che stai vivendo. Se sei felice, sei sulla buona strada, se non lo sei, hai bisogno di trasformarti per poter diventare la persona che può essere felice, essendo te stesso.

Diventando chi davvero puoi essere, crei attorno a te la realtà che desideri e quindi la vita migliore che puoi realizzare. Più avanti scoprirai come.

Se non farai ciò che è necessario, non accadrà nulla, se leggerai mille libri e non metterai nulla in pratica, continuerai a riscaldare la solita minestra. Magari ne saprai di più, sarai un po' più consapevole, ma se non compi delle azioni non accadrà nulla.

Alcune persone che ho incontrato sul mio cammino passavano da un corso ad un altro e da un libro ad un altro, senza mai trovare un rimedio ai propri problemi. L'ultima soluzione era sempre la migliore, la più miracolosa… Poi non accadeva nulla, allora passavano alla tecnica successiva, all'ultima soluzione miracolosa, che poi puntualmente veniva abbandonata, come le altre.

Ho anche incontrato molte persone che cercavano qualcuno a cui 'appioppare' i propri problemi, qualcuno con la bacchetta magica che, pronunciando la formula segreta 'abracadabra' glieli risolvesse, qualcuno che li abbagliasse e desse loro l'illusione di essere 'la soluzione ai loro mali'.

Cambiare è possibile, ma devi metterci del tuo, devi fare ciò che è necessario. Non lo farò io per te, ma non lo potrà fare neanche nessun'altro… Lo puoi fare solo tu!
So che potrebbe non piacerti, ma è così. Il bello è che con la Divine Connection lo puoi fare in modo facile, veloce, piacevole, anzi sentendoti 'da Dio' durante e anche dopo il processo.
Non tutti sono pronti a prendere la propria vita in mano, ad assumersi la responsabilità della propria esistenza, a fare delle scelte

(a volte drastiche) verso ciò che sentono essere giusto per loro, perché hanno paura di perdere tutto quello che hanno costruito sino ad ora.

Così rinunciano alla vita dei loro sogni per portare avanti relazioni sterili o matrimoni che non funzionano magari da anni, non cambiano lavoro perché il posto fisso trasmette loro sicurezza, anche se svolgono un lavoro che detestano. Così lasciano scorrere la loro vita, giorno dopo giorno, mese dopo mese, anno dopo anno, sperando che le situazioni migliorino da sole, senza fare nulla per cambiarle!

Ti racconto di Luigi, che ho seguito individualmente in un periodo difficile della sua vita.

Un giorno mi chiama disperato: aveva perso il lavoro! Gli ho subito detto: "Ma Luigi, sbaglio o mi hai sempre detto di detestare il tuo lavoro e di non avere tempo per trovare nient'altro o di cercare di capire cosa vuoi fare della tua vita? "Si è vero, ma ne ho bisogno! Devo guadagnare…".

"Ebbene Luigi, la vita ti ha fatto un regalo, tu non ti decidevi, non trovavi il tempo per fare questo cambiamento e la vita

ti ha aiutato regalandoti altro tempo, mettendoti alle stret-te... ora sta a te approfittarne!"

Se le persone non cambiano qualcosa nella loro vita, sono condannate all'infelicità eterna. Appartenere o meno a questa categoria è una scelta.
Tu cosa scegli?

Non so se conosci persone che si comportano così, io ho conosciute molte. La colpa non è loro, questo è ciò che hanno imparato nel corso della loro esistenza.
Nel momento in cui scoprono nuove possibilità, allora il livello di responsabilità cresce, perché si fanno del male consapevolmente solo per la sola paura di cambiare una situazione che li fa soffrire! Ci vuole un bel coraggio!

Ci vuole molto più coraggio e molti più sforzi nel non cambiare le cose e decidere di condannarsi ad una vita infelice, piuttosto che prendere quella decisione che può portare al cambiamento. Meglio soffrire qualche giorno o tutta la vita? Eppure, molti scelgono la sicurezza e la sofferenza eterna, dicendo agli altri che ci vuole troppo coraggio per cambiare le cose… Che controsenso!

Se finora hai fatto così, non è colpa tua, ma ora che lo sai è tua responsabilità scegliere di cambiare le cose, o scegliere di continuare a soffrire gettando via tempo prezioso della tua vita.

È questo che vuoi?

Esiste un'altra categoria: le vittime delle circostanze.

"…D'altronde, nella vita ci vuole fortuna, non ci si può fare niente se le cose non vanno come dovrebbero".

Magari queste persone non hanno avuto quegli stimoli dalla vita, che portano a porsi domande alla ricerca di nuove consapevolezze.

Immagina qualcuno che si sente infelice, in balia delle cause esterne, vittima delle circostanze di cui non si sente responsabile… Figuriamoci se può credere di esserne lui stesso il creatore e di avere poter cambiare le cose.

> *"Le persone che progrediscono nella vita sono coloro che si danno da fare per trovare le circostanze che vogliono e, se non le trovano, le creano."*
>
> **George Bernard Shaw**

Esistono anche persone che semplicemente trovano più comodo sfuggire alla vita e alla responsabilità nei confronti di se stessi e del mondo intero. Scelgono il ruolo di vittima per comodità.

In questi ultimi due casi le persone non faranno nulla per cambiare; secondo le loro credenze non possono e il beneficio che ricavano dall'essere vittime è troppo grande!

Fino a che, un giorno, non accadrà qualcosa nella loro vita, un terremoto, uno scossone brusco e destabilizzante…

Quando non vogliamo capire, la vita per svegliarci e farci comprendere che dobbiamo cambiare sa essere molto brusca. In quel caso potrà mutare qualcosa o forse tutto, ma a quale prezzo?

Do per scontato che tu non faccia parte nemmeno di queste ultime due categorie e se così non fosse, puoi scegliere da ora qualcosa di diverso!

5.1 La scelta

Le persone seminano le loro frasi di 'non posso'. Queste sono giustificazioni delle scelte che fanno e di cui non si assumono la responsabilità.

'Non posso' indica che la persona sente il bisogno di togliersi il potere per giustificarsi nei confronti di se stessa e degli altri.

La persona non vuole pagare il prezzo della sua scelta. "Vorrei fare diversamente ma non posso farlo", in realtà vuol dire:

"Vorrei fare diversamente ma non voglio scontentare chi si aspetta questo da me, non voglio deluderlo, ferirlo, essere criticato, sentirmi disapprovato, meno amato e non voglio sentirmi in colpa. Piuttosto rinuncio a ciò che desidero e mi sacrifico facendo ciò che non desidero".

Ecco cosa significa 'non posso'.

Come sarebbe svegliarsi e cambiare la frase nel modo che segue?

➔ "Preferirei fare diversamente ma non voglio scontentare chi si aspetta questo da me, non voglio deluderlo, ferirlo, essere criticato, sentirmi disapprovato, meno amato e non voglio arrivare a sentirmi in colpa. Piuttosto rinuncio a ciò che desidero e *scelgo di sacrificarmi* facendo ciò che non desidero"

Come ti sembra?

Sicuramente è una risposta più consapevole e reale. Se cominci a rispondere in questo modo, inizierai a porti delle domande: "Ma se sono io a scegliere e se scelgo ciò che non voglio, posso anche scegliere qualcosa di diverso?".

Comprendi a cosa ti può portare?

Puoi riappropriarti del potere delle tue scelte e preferire qualcosa di diverso, cosa che non potresti fare continuando ad usare il 'non posso'.

Tieni alta l'attenzione, ascoltati mentre pensi e parli, fai attenzione a tutte le volte che pensi, scrivi e dici 'non posso' e correggiti, riappropriandoti del tuo potere di scelta ed uscendo dal vittimismo.

Ricordati: tu scegli sempre, anche quando fai scelte contrarie a ciò che ti porterebbe a sentirti bene e anche quando non scegli, scegli di non scegliere!
Tu stai scegliendo sempre, in ogni cosa che fai e che non fai, quando scegli di essere una vittima o quando reagisci alle provocazioni.

Tanto vale scegliere ciò che ti porta verso il benessere, la gioia, la gratitudine e la felicità. Si tratta sempre di piccole e grandi scelte.
Tu hai questo potere e più sceglierai consapevolmente, più sarai libero, realizzato e felice.

Con lo schema che segue, ho riassunto come puoi sentirti e quali sono le tue possibilità utilizzando 'scelgo' piuttosto che 'non posso'. Si tratta di far attenzione e correggersi tutte le volte che noterai di aver utilizzato ciò che ti toglie potere rispetto a ciò che te ne porta, insieme alla consapevolezza e alla crescita.
Lo stesso discorso vale per il termine 'devo'.

Dire, pensare, credere: **<u>NON POSSO</u>** Produce e ti fa sentire →	• Impotenza • Vittimismo • Bloccato • Limitato • Senza alternative • Dolore • Insoddisfazione • In colpa	☹
Dire, pensare, credere: **<u>SCELGO</u>** Produce e ti fa sentire →	• Consapevole • Possibilità di scegliere • Responsabile • Potere • Possibilità di cambiare la scelta • Più alternative da valutare • Crescita	☺

Proseguendo con la lettura del libro, scoprirai la Divine Connection e avrai la possibilità di scegliere.

Vuoi metterla come priorità nella tua vita, come mezzo per ripulirti dal dolore e da ciò che ti blocca nel raggiungere i tuoi sogni, o decidi di far finta di nulla e continuare la tua esistenza come se nulla fosse successo, rimanendo nell'immobilità della tua situazione attuale?

Non dire mai più 'non posso', né 'devo' o ancora 'non ho tempo', 'non posso perché devo portare fuori il cane, fare la spesa, andare al lavoro' o fare qualsiasi altra cosa…

Ricordati che è sempre una scelta. È una scelta anche metterti al primo o all'ultimo posto nella tua vita.

> *"Da un lato desideriamo tutti essere felici. Dall'altro, conosciamo tutti quali sono le cose che ci renderebbero felici. Ma non le facciamo. Perché? Semplice. Siamo troppo occupati. Troppo occupati a far cosa? Troppo occupati a cercare di essere felici".*
>
> **Matthew Kelly**

5.2 Attaccato o Staccato?

Anche se le emozioni che provi sono molte, ci sono solo due stati di cui fai esperienza e tutte le emozioni sono riconducibili ad essi. Tutte le emozioni rientrano in due sole categorie: quelle connesse alla *paura* e quelle connesse all'*amore*.

Pensa a tutte le emozioni che vengono definite 'negative' e collegate alla sofferenza: sono tutte connesse alla paura.

Pensa alla rabbia, quale paura nasconde?

Pensa alla preoccupazione, all'invidia, alla frustrazione, alla disperazione, all'ansia, all'imbarazzo, alla noia? Sono tutte figlie della paura.

Ora, pensa a tutte le emozioni che possiamo chiamare 'positive', che ti fanno sentire bene, come la gratitudine, la gioia, l'ammirazione, la fiducia, la pace, sono tutte figlie dell'amore. Riflettici.

Emozioni figlie della PAURA ☹	Emozioni figlie dell'AMORE ☺
Paura	Amore
Dolore	Gioia
Frustrazione	Soddisfazione
Solitudine	Unione
Invidia	Accoglienza
Gelosia	Armonia
Odio	Felicità
Rabbia	Fiducia
Disperazione	Coraggio
Ansia	Pace
Noia	Divertimento
Tristezza	Appagamento
Disprezzo	Gratitudine
Giudizio	Vitalità
Imbarazzo	Calma
Delusione	Chiarezza
Colpa	Serenità
Confusione	Estasi
Malessere	**Benessere**

Ogni volta che provi malessere e, di conseguenza, un'emozione spiacevole poniti sempre la domanda:

➔ **di che cosa ho realmente paura?**

Poco più avanti troverai lo schema che mostra le associazioni che sono connesse ai due stati che puoi provare nella vita.

Quando sei in uno stato di paura, sei sconnesso dal Divino, 'staccato' dalla rete universale di cui sei parte, ti trovi in uno stato d'illusione, in cui percepisci una realtà distorta dalla paura che stai provando e sperimenti uno stato di malessere.

Quando sei in uno stato di amore, invece, sei connesso al Divino e ti trovi molto vicino al Divine State, che raggiungi appieno quando utilizzi la Divine Connection.

Quando sei nell'amore sei 'attaccato' alla rete universale e sperimenti uno stato di verità, sai cosa è vero e cosa è illusione, accedi alla consapevolezza profonda e le tue emozioni sono piacevoli. Lo stato che raggiungi a livello di benessere è indescrivibile e ti porta ad esprimere la tua parte migliore, a realizzare ciò che normalmente ti sembra impossibile e ad agire secondo i dettami più alti del tuo Essere. Il Divine State, non si può descrivere, ma solo sperimentare.

Il Divine State è lo stato naturale, che l'essere umano sperimenta con molta difficoltà, a causa di ciò che ha imparato e che l'ha allontanato dallo sperimentare il proprio Divino.

STATO dell'EGO ☹	DIVINE STATE ☺
Paura	**Amore**
Staccato	Attaccato
Sconnesso	Connesso
Illusione	Verità
Malessere	**Benessere**
Stato indotto da esperienze e da ciò che hai imparato nella vita	Stato Naturale

Grazie a ciò che stai per imparare in questo libro, potrai fare esperienza dello Stato Divino e farlo diventare parte della tua vita.

5.3 La luce e l'ombra che sono dentro di te

Anche tu sei luce e ombra, come tutti, e hai la possibilità di scegliere quale parte far emergere nelle varie situazioni della vita. Non si tratta di essere buoni o cattivi, ma di scegliere se lasciar emergere consapevolmente la luce o l'ombra insita in te e imparare a comprendere quando stai facendo emergere l'ombra.

Quando l'ombra emerge, per avvicinarti alla tua versione migliore, hai bisogno di lavorare su te stesso per trasformarla in luce e ritrovare il benessere. Non è sempre facile, la scelta richiede presenza e consapevolezza. Per scegliere è importante tenere conto che l'Ego tende a portarti verso ciò che è più facile e apparentemente sicuro per te.

Difficilmente il tuo Ego ti spinge a scegliere di lasciar emergere la tua parte più luminosa e il tuo vero potenziale. L'Ego opta per strade più facili, connesse alla sopravvivenza, che non sono quelle che sceglierebbe il tuo Cuore e non sono mai lastricate di Luce.

Se deciderai di seguire la via della consapevolezza, servono un po' di presenza e di attenzione che ti aiuteranno a rimanere su quel cammino. Ne vale davvero la pena!

Tutto ciò che vivi ha una funzione. Ogni cosa che accade nella tua vita, e ogni persona che incontri o che hai vicino a te ha il compito di farti da specchio. Anche tu hai questo compito nei confronti degli altri.

Cos'è la 'legge dello specchio'?

Tutto ciò che fa parte della tua vita e tutte le persone che incontri riflettono chi sei e te lo mettono davanti affinché tu possa vederlo.

Nel caso in cui lo specchio ti stia mostrando delle ombre potrai riconoscerle e trasformarle.

È molto più difficile scorgere in te ciò che negli altri ti provoca fastidio. Lo specchio è il modo più diretto per far emergere le ombre che hai bisogno di vedere per poterle ripulire.

Lo specchio ti mostra le ferite, le emozioni, le paure, le credenze, ciò che non ti concedi e che quindi ti infastidisce negli altri.

Come le situazioni della vita ti mostrano le aree in cui le tue vibrazioni sono alte, dandoti buoni risultati, allo stesso modo nelle aree in cui le tue vibrazioni sono basse ritroverai risultati mediocri e t'imbatterai in situazioni ben lontane dai tuoi desideri, per non dire catastrofiche.

Quando soffri o t'innervosisci, qualcosa di impercettibile potrebbe aver fatto attivare un'ombra. Non fuggire! Se fuggi dalle emozioni o dalle sensazioni, porterai per sempre con te le ombre ad esse collegate; se le attraversi, invece, noterai che sono molto meno dolorose o spaventose di quello che temevi e potrai arrivare a scioglierle come neve al sole.

Con la Divine Connection andrai ad attivare le emozioni per lasciarle andare, per liberarti ed avvicinarti sempre più all'Essere Divino che sei e, più lo farai più la tua vita diventerà meravigliosa. Quando la vita o una persona fanno emergere una ferita o un'ombra in te, in realtà, ti stanno facendo un dono.

Impara a porti le domande corrette:

Domande da porsi quando si attivano gli specchi:

- Cosa mi sta mostrando di me questa persona/situazione che non riesco a vedere?
- Cosa mi sta mostrando che non mi concedo?
- Quale dono nasconde questa situazione per me?
- Quale ferita mi sta mostrando?

L'ingiustizia, la rabbia e le altre emozioni tossiche che percepisci quando gli specchi si attivano, sono frutto di una visione limitata di ciò che stai vivendo.

Se ti permetti di andare oltre le apparenze in tutto ciò che accade, scoprirai che esiste un senso, un dono, un aiuto, anche se non sempre riesci a coglierne pienamente il significato, che da accesso alla comprensione di ciò che prima non eri pronto a vedere in modo che tu possa superare una ferita che ti blocca.

A volte è difficile vedere il dono, specie quando provi dolore.

Se vai oltre al dolore, connesso alla ferita stimolata che ricomincia a sanguinare, potrai intuirne l'origine e prendere consapevolezza delle situazioni limitanti che vivi. Sarai più forte e consapevole e non continuerai a creare situazioni di sofferenza nel presente a causa di una ferita che hai subito nel passato. Questo ti permetterà di isolarla e le impedirà di continuare a nuocerti. Potrai osservarla per lasciarla andare con facilità.

Con la DC sarà un gioco da ragazzi.

5.4 Sono due o è Uno?

Il mondo terreno e quello spirituale non sono divisi, sono un tutt'uno, l'uno in funzione dell'altro… o meglio, l'uno in simbiosi con l'altro.

Non ha senso parlare della vita spirituale divisa e separata da quella terrena, in realtà sono un tutt'uno. La nostra vita terrena fa parte della nostra esperienza spirituale, attraverso la quale possiamo:

- esprimerci,
- metterci alla prova,

- sperimentare

- crescere

- aumentare le possibilità d'azione e di visione dell'esistenza

- diventare più consapevoli

- espandere la nostra coscienza e consapevolezza

- diventare la nostra versione migliore e poi migliorare ancora

- contribuire con la nostra esperienza all'evoluzione universale.

La vita terrena è l'occasione che abbiamo scelto quando eravamo puro spirito, per manifestarci, per evolverci e per dare il nostro contributo, crescendo.

Se ti chiedi se l'hai scelto tu o ti è stato suggerito da entità esterne a te, ti rispondo entrambi:

- Noi siamo un tutt'uno con tutto ciò che esiste.

  Nel momento in cui ci incarniamo cominciamo a percepire la divisione. Le Entità in spirito si muovono come un tutt'uno armonico, anche se si possono percepire singolarmente.

- Nei viaggi sul piano di esistenza in cui siamo puro spirito, ho visto e vissuto esperienze in cui lo spirito prendeva la decisione di incarnarsi, in altre veniva consigliato da Entità spirituali più evolute.

La Terra è il luogo in cui puoi crescere spiritualmente nella tua esistenza infinita. Tutto è spirituale. La spiritualità si manifesta nella vita terrena e materiale.

La tua vita è la tua esperienza spirituale. Quando ti incarni, ogni passaggio ed esperienza che fai, fa parte del tuo cammino spirituale.

La qualità della tua vita è l'espressione del tuo cammino.

Se vivi una vita felice, appagante e piena di gioia, stai facendo un buon lavoro a livello spirituale, se invece non sei felice in alcuni o in tutti gli ambiti della tua vita, c'è qualcosa su cui è importante che ti soffermi, mettendoti a lavorare sulle tematiche che ti procurano sofferenza.

La vita è lo strumento di misurazione che ti indica se a livello spirituale va tutto bene o se ci sono dei passaggi da compiere.

La tua vita terrena è la perfetta espressione della tua vibrazione, frutto dei tuoi pensieri, della tua evoluzione e di quanto ti trovi sul cammino che ha scelto la tua Anima.

Se stai resistendo alle scelte che la tua Anima ha fatto a livello di passaggi evolutivi o di Missione, la vita ti mostrerà che sei sul cammino sbagliato e farà di tutto per farti cambiare percorso, a volte anche in modi molto poco 'gentili'.

Ci sono alcuni eventi che arrivano a sconvolgerti la vita, a volte in modo traumatico. L'intervento dell'esistenza è la benedizione che ti conduce verso te stesso e ti offre l'occasione per arrivare alla via della felicità e della realizzazione più profonda.

Ti suggerisco di prestare attenzione ai segnali e di ascoltarti per comprendere quali sono le aree di miglioramento, di resistenza, quelle in cui c'è qualcosa che non va e porvi rimedio, prima che la vita intervenga.

Se hai una relazione che non funziona, non far finta di niente, affronta la situazione: è un ottimo spunto di crescita per diventare una persona migliore.

Puoi trasformare la tua relazione mediocre o infelice in una felice o comprendere che è bene che le strade si separino e aprirti al nuovo, dando anche al tuo partner la stessa possibilità.

Se la tua relazione non va, prendila in mano e trasformala, non rimanere in una situazione di stallo. La tua relazione e ciò che del partner ti procura sofferenza, ti dice molto di te.

Trova cosa scatena in te il comportamento del tuo partner (o delle persone con cui sei in conflitto), quali sono le sensazioni e le emozioni che emergono e lavoraci con la DC.
È facilissimo e inoltre, ti porterà a superare dei traumi che nemmeno ti ricordi di aver vissuto, ma che influenzano le tue relazioni e la tua vita.

Soffrire in due non è onorare la vita, lo è prendere spunto dalla situazione che stai vivendo e trarne spunto per 'pulire' tutto ciò che ti affligge per diventare la persona migliore che puoi essere.
La vita ti offre sempre suggerimenti su di te. Non si tratta di cambiare gli altri, ma te stesso. Sciogli ciò che ti provoca dolore così non sarai più schiavo dei traumi e del dolore delle esperienze passate ma potrai invece essere libero di scegliere.

Se sei infelice del tuo lavoro, non adattarti all'infelicità e all'insoddisfazione. Che la sofferenza derivi dai rapporti con i colleghi o collaboratori, dal non sentirti valorizzato o realizzato, o dal fatto che il tuo lavoro non ti piaccia, non far finta che vada tutto bene.

Così come per le relazioni: segna tutto ciò che ti fa soffrire, rileva cosa si accende in quella situazione e lavoraci.

Dopo aver ripulito tutto, potresti accorgerti che il lavoro che stai facendo non è quello dei tuoi sogni e potrai trovare il coraggio di creare o trovare il modo di realizzarti pienamente.

Magari avrai bisogno di focalizzarti sulla paura di non farcela, sulla critica, sull'insicurezza economica, o magari su altre cose, e poi sarai libero di scegliere e di trovare la tua strada.

Ti suggerisco di prendere tematica per tematica e ripulirne una alla volta. Questo ti permetterà di notare grandi cambiamenti e di ottenere risultati visibili, ma non solo, ti conferirà anche l'energia necessaria per proseguire con il tuo lavoro.

Quando avrai finito con una tematica potrai passare ad un'altra. Ricorda che il tuo obiettivo è di ripulire tutto!

Ad un seminario che ho svolto in Umbria, c'era Marta che viveva in perenne stato di sofferenza, non riusciva a realizzarsi, a trovare la sua strada e il suo scopo nella vita.

Apparentemente, aveva tutto quello che poteva rendere la sua vita felice, ma la felicità, al contrario, era ben lontana dalla sua realtà. Aveva avuto un rapporto molto conflittuale con i suoi genitori e non si sentiva compresa né accettata, aveva una bassissima autostima e le frasi che spesso pronunciava erano: "La mia vita non ha senso" e "Perché provo tutto questo dolore?".

Aveva molte resistenze nel lasciar andare il passato e far emergere la sua vera Essenza.

Abbiamo fatto un lavoro molto profondo e fatto piazza pulita di tutto: ciò che era un limite (emozioni tossiche, paure...) ma anche cose belle che, tuttavia, la condizionavano (come la sua relazione).

In quei giorni ha potuto lasciare andare anche tutte le cose che possedeva, che aveva costruito e in cui aveva creduto. Quando è tornata a casa, è ripartita da zero, da un punto in cui poteva essere la Marta autentica che non si era mai permessa di essere. Ha iniziato a scegliere cosa far entrare nella sua vita e cosa no e così ha anche trovato il suo cammino.

E la sua relazione? È diventata molto più vera, profonda ed autentica... Sì, perché in realtà c'erano delle cose che non andavano, ma se non avesse fatto 'pulizia', non le avrebbe mai viste!

Qualunque sia la tematica di sofferenza la modalità è la stessa:

- seleziona la tematica su cui desideri lavorare
- trova tutti i punti di resistenza in quella tematica
- trova quali sono le emozioni e le sensazioni che si accendono in te in quel punto di resistenza
- ripulisci tutto fino a che ciò che ti faceva soffrire prima non ti accende più nessuna reazione
- ora sei libero di scegliere e goderti la magia della vita

"Ma quando scrivi 'lavorare' cosa intendi?" ti chiederai. Lo scoprirai nel prossimo capitolo e quando lo proverai, capirai che la parola 'lavorare' non è quella più appropriata per la DC.

La descrizione più corretta sarebbe:

"connettiti al Divino, stai Divinamente, mentre ripulisci tutto ciò che ti porta a soffrire per creare una vita meravigliosa".

Sei disposto a farlo per produrre questi risultati nella tua vita?

→ **<u>AREA RISERVATA DEL LIBRO</u>** ←

trovi: Audiolibro e Contenuti Gratuiti

Per accedere, registrati a questo link:

→ **<u>http://bit.ly/risorse-libro</u>**

I SEGRETI CHE HAI SCOPERTO NEL CAPITOLO 5:

- **SEGRETO n. 33:** Tu puoi cambiare le cose solo se vuoi cambiare le cose!

- **SEGRETO n. 34:** Tutto ciò che vivi e che ti circonda riflette chi sei, ciò che credi e che vibri, in base alla tua interpretazione degli avvenimenti della tua vita. Questa è la 'legge dello specchio'.

- **SEGRETO n. 35:** Tu hai sempre la possibilità di scegliere per la tua vita. Stai scegliendo sia che tu decida di cambiare, sia che tu voglia lasciare le cose come stanno.

- **SEGRETO n. 36:** Esistono solo due stati: Amore o Paura. Per vivere una vita felice non devi far altro che osservarti e, quando ti trovi nello stato di paura tornare nello stato d'amore.

- **SEGRETO n. 37:** Non esiste separazione tra vita terrena e spiritualità: la tua vita terrena è la tua esperienza spirituale.

Capitolo 6

I 7 passi per creare una vita meravigliosa

"Un vincitore è solo un sognatore che non ha mai smesso di sognare e non si è mai arreso".

Nelson Mandela

6.1 Un piccolo cambiamento che fa la grande differenza

"Si dice che per vivere bene devi essere coraggioso...
Si suppone che chi non vive bene non sia coraggioso. In realtà, per vivere male ci vuole molto più coraggio".

Patrizia Setteducati

Ci vuole molto più coraggio per vivere una vita di sofferenza che per vivere uno stato di gioia, di pienezza e di felicità. Il fatto è che per raggiungere questo stato devi attuare un cambiamento nella tua vita e nelle tue abitudini. Per avvicinarti al cambiamento serve solo un po' di coraggio, che è molto meno di quello che ti serve per continuare a soffrire.

Occorre che tu faccia un'inversione di pensiero tutte le volte che ti trovi in uno stato di disagio. Tutto qui!

Ti devi solo ricordare di fare qualcosa di diverso rispetto a ciò che sei abituato a fare quando provi dolore, paura o ti senti bloccato.

Il cambiamento di abitudine
che fa la DIFFERENZA

Quando affiora dolore, disagio, paura, blocco

PRIMA ➔ **soffrivi, ti bloccavi, ti disperavi**

ORA ➔ **fai la Divine Connection**
➔ **stai Divinamente**

Ti invito a fare una riflessione:

Chi sei senza quel blocco, quella paura o quell'emozione dolorosa?

Pensaci ora, perché devi sapere che esiste la possibilità che tu possa aver paura di sentirti perso lasciando andare qualcosa che ti fa soffrire, come è accaduto a Giorgia, di cui leggerai più avanti.

In quel caso, non appena imparerai il processo DC, lavora su tutto ciò che emerge in modo tale da essere pronto a lasciar andare il disagio che ti ha accompagnato magari per tutta la vita e sentirti benissimo senza di esso.

Attenzione! Potrebbero presentarsi anche delle sensazioni piacevoli che vanno però sciolte. Ne parleremo nel capitolo 7 come 'benefici secondari'. Ora, prosegui con la lettura.

La cosa più importante è fare il primo passo.

Puoi renderti conto che sei sempre fuggito da te stesso e dal tuo stato naturale, in cui nessuno ti ha insegnato a stare e in cui, probabilmente, non si trovano nemmeno le persone che ti circondano. Dentro di te sai che è possibile, quindi ti basta fare il primo passo e poi il secondo… e continuare a camminare. Ora hai la soluzione più facile dopo 'alzati e cammina' che sia mai arrivata sulla faccia della Terra ☺

Ti basta scegliere di aprire la porta al miracolo e camminare, un passo dopo l'altro, verso quella direzione. Il tragitto sarà meraviglioso, ti metterà in contatto con te stesso e ti procurerà un profondo benessere, facendoti sentire finalmente padrone della tua vita.

La DC non ti porta a stare un po' meglio… ti porta al risveglio, all'assenza di dolore, ti libera dall'illusione della sofferenza e dalla paura della sofferenza. Quando la utilizzi, ti connetti al Campo Energetico DC, che si è creato quando la Divine Connection è stata praticata la prima volta. Questo campo energetico viene nutrito e diventa sempre più forte ogni volta che ti connetti ad esso e durante gli incontri di gruppo.

Con la pratica, diventerà immediato connettersi al Divine State e sciogliere emozioni e sensazioni che vuoi lasciar andare, come anche aumentare le tue vibrazioni o entrare in uno stato di lucidità e di saggezza, talvolta di estasi, com'è successo ad Ester, che ti racconterà la sua storia nel capitolo 8.
Se prenderai l'abitudine di connetterti anche regolarmente al DC Point (Divine Connection Point, di cui ti parlerò più avanti), tutto diventerà ancora più efficace, per te e per tutto il pianeta.

Quando ti connetti al DC Point:

- lavorando su te stesso porti luce in tutto il pianeta

- migliori la vibrazione di ogni abitante della Terra, quindi anche la tua e quella di ogni persona che ami

- rendi più forte ed elevi la vibrazione di ogni persona che pratica la Divine Connection, quindi anche te stesso

- contribuisci ad aumentare la forza del Divine Connection Point e del Campo Divine Connection.

Tutte le volte che ti connetti, inneschi un circolo virtuoso che rende il lavoro che fai su di te più semplice, efficace e potente.

Ti rendi conto di che cosa puoi arrivare a creare se pratichi la DC?

Ti rendi conto di quanto sia importante il tuo contributo, per te stesso per i tuoi cari e per tutto il pianeta?

Stiamo davvero parlando di cambiare le cose e per farlo si parte sempre dal singolo: l'oceano è formato da tante gocce e tu sei una di queste ed insieme possiamo creare un vero miracolo di trasformazione!

Non è meraviglioso prendere parte ad una trasformazione così grande?

Non è meraviglioso migliorare la tua vita, renderla magica e, mentre lo fai, senza nessuno sforzo aggiuntivo, migliorare la vita di tutti gli abitanti del pianeta?

Puoi facilmente intuire che più saremo e più grandi saranno i risultati che potremo ottenere, sia singolarmente che a livello planetario. Dipende da te e da ognuno di noi.

Ogni goccia è fondamentale per creare questo meraviglioso 'oceano di trasformazione'.

Non ti ho detto una cosa: ogni volta che pratichi la DC su una tematica, contribuisci ad alleggerirla a livello globale perché siamo tutti connessi.

Con le informazioni giunte fino ad ora, per lasciare andare una ferita completamente è necessario lavorare sul tema direttamente.

Apriamoci ai miracoli che ancora non conosciamo e che possiamo far accadere insieme, magari, presto, sarà ancora più semplice.

Forse anche tu hai sentito dentro di te l'impulso di fare qualcosa di grande e di dare il tuo contributo, di lasciare un segno positivo nella vita delle persone, anche se ti hanno sempre detto che non era possibile…

"Chi dice che è impossibile non dovrebbe distrarre chi ce la sta facendo".

Albert Einstein

6.2 Come può essere semplice la connessione col Divino?

"Non si accumula ma si elimina. Non si tratta di crescere ogni giorno, ma di decrescere. La formazione al suo punto più alto porta sempre alla semplicità".

Bruce Lee

Nei mille percorsi di crescita, di consapevolezza e di guarigione energetica che ho fatto, cercavo la perfezione, la velocità, l'efficacia, il modo più immediato e potente per portarti ad ottenere risultati miracolosi, con il minor 'sforzo' possibile. Cercavo il miracolo!

Il problema non era che io volessi il miracolo, ma che lo cercassi nel posto e nel modo sbagliato: volevo il metodo più fantasmagorico, complesso e completo, lo cercavo studiando da decine di 'superformatorimagiciguruenergetici', riempivo il mio studio di centinaia di libri, schemi e tavole di riferimento. Nulla sembrava bastare.

Semplicemente mi sbagliavo: la soluzione non era nell'aggiungere e nel complicare, ma nel togliere e nel semplificare.

Sì, la semplicità. Con tutto quello che ho imparato di complicato e complicatissimo sono arrivata all'essenza, a qualcosa che cambia tutto in pochi minuti, fino ad arrivare a farlo in pochi secondi! Mai e poi mai sarei arrivata al miracolo della Divine Connection se non mi ci avessero portata gli Esseri di Luce.

Questo processo è arrivato naturalmente dal 26 novembre 2017, quando ho ricevuto la prima visione del progetto che ero chiamata a portare avanti. Mi è arrivato pezzo dopo pezzo, una parte per volta, fino a giungere al processo che troverai nel libro.

La DC è un processo magico: affidati e apriti, senza aspettative, affinché ciò che è bene per te, accada semplicemente. Non ti serve 'spingere', metterci energia o stancarti, è un processo piacevole ed efficace che ti darà risultati tanto più velocemente quanto maggiormente ti permetterai di farne esperienza.

Questo metodo è semplicissimo ed è tutto ciò che ti serve per trovare pace e gioia, per entrare in contatto con la tua Essenza e manifestarla, per sciogliere il tuo vuoto esistenziale e scoprire il vero senso dell'esistenza.

Quindi, non perdere tempo e buttati nella sperimentazione!

6.3 I 7 passi della Divine Connection

Ora ti spiegherò i passaggi che troverai nel processo della DC, affinché tu possa seguirli e comprenderne l'importanza. In questo modo la tua mente potrà calmarsi di modo che tu possa ottenere da subito i migliori risultati, anziché iniziare a ribellarsi con pensieri del tipo: "questo non voglio farlo" o "io non posso" oppure "questo non va bene per me",.

Le fasi del metodo si attivano nel momento in cui tu conosci il processo e lo segui. Non si tratta di sforzarsi, ma di essere intenzionati ad avviare il processo, di connettersi al Divino e di permettere alla Divine Connection di avvenire.

Non dovrai visualizzare e costruire le immagini nella tua mente; è invece importante conoscere il processo, permettergli di avvenire, portare l'attenzione sui vari passaggi e arrenderti ad una saggezza superiore. Meno avrai aspettative e sarai leggero, più sarà facile raggiungere il più alto livello di connessione con semplicità.

Durante il processo, potresti vivere un'esperienza connessa a uno o più sensi extrasensoriali. Potrebbe attivarsi la vista, l'udito, o le sensazioni a livello corporeo, potrebbe attivarsi solo un senso, più di uno o nessuno, qualunque cosa accadrà andrà bene.

Avvertirai che sta accadendo, lo sentirai a tuo modo… non è possibile descrivere le sensazioni che proverai durante la Divine Connection perché ciascuno fa la propria esperienza. Semplicemente, quando ci sarai, te ne accorgerai e starai benissimo.

Qui di seguito troverai i 7 passaggi della DC e la descrizione di come funziona ogni passaggio.
Ti suggerisco di seguire il processo in sequenza passo dopo passo. Questo ti consente di procedere per gradi, in modo da arrivare a completarlo con estrema facilità.

Passo 1 - Connessione con la Fonte

Almeno le prime volte che attiverai il processo, ti suggerisco di farlo in un ambiente tranquillo e silenzioso, in cui potrai sentirti al sicuro e rilassarti.

La posizione migliore da cui partire per avviare il processo è da seduti con i piedi appoggiati a terra o con le gambe incrociate e la schiena dritta.

Lascia che un raggio di luce ti raggiunga; il raggio parte dal centro dell'Universo per poi giungere a te avvolgendoti. Questo raggio penetra dalla sommità del tuo capo, dal chakra della corona e va a riempire il tuo corpo di luce.

Passo 2 - Laser della pace

In questo passaggio, la Fonte tocca con la sua energia, sotto forma di piccoli raggi laser, i punti sul tuo viso, sulla tua nuca e sul tuo corpo provocandoti una sensazione piacevole. Non importa che tu li veda.

In genere, le persone li percepiscono, ma anche se tu non li rilevassi chiaramente, continua con il processo. Potresti avvertire la sensazione che qualcosa in te e nel tuo stato o nel tuo corpo sta cambiando. Quando inizi a percepire questo stato, lascialo espandere in tutto il tuo corpo. Sentirai che si diffonde in te e che ti porta in uno stato di rilassamento.

Passo 3 - Attenzione dentro e attorno al corpo

Senti, vedi e focalizzati sulla parte interna del corpo, lo spazio dentro di te. Senti, vedi e concentrati sullo spazio infinito circostante.

Passo 4 - Lascia andare tutto

Questo è un passaggio che potrebbe far sorgere qualche resistenza. In questo passaggio ti viene chiesto di lasciar andare tutto, le cose negative e quelle positive, dalle credenze allo status sociale, dai titoli a tutte le persone della tua vita, compresi i tuoi figli.

Perché ti viene chiesto questo? Nel momento in cui lasci andare tutto, ti liberi di ciò che ti definisce e che quindi, in qualche modo, ti limita nella percezione della tua Essenza, che va ben oltre ciò che fa parte delle definizioni e di ciò che percepisci nella tua esistenza.

Chi sei se togli tutto quello che non sei? Chi sei se lasci andare tutto, come definizioni, qualità, ruoli, aggettivi, etichette? Chi sei quando ti liberi da tutti gli schemi e da tutte le scatole nelle quali ti sei e ti hanno rinchiuso?

Solo se lasci andare tutto ciò che ti limita puoi entrare in contatto con la tua vera Essenza. Tutto diventa possibile, i limiti non esistono più.

Dove non c'è nulla sei in contatto con il tutto, con le infinite possibilità dell'Universo dove esiste anche ciò che non conosci, proprio perché non esistono limiti, puoi essere ciò che realmente sei, un Essere infinito, ed accedere alle infinite possibilità. Non hai più bisogni e domande… semplicemente ti basta esistere e manifestare l'Essere che sei.

Proprio per questo, tutto diventa semplice: la trasformazione, il lasciar andare le emozioni e, di conseguenza la manifestazione. Ecco la tua White Board (lavagna bianca).

"Se vuoi volare, rinuncia a tutto ciò che ti pesa".

Buddha

Passo 5 - Espansione

Questo passaggio ti consente di passare da uno 'stato di compressione' (innaturale per la Scintilla Divina) ad uno 'stato di espansione' (naturale per la Scintilla Divina).

L'espansione della Scintilla è un processo naturale, non hai bisogno di 'spingere' per portarla ad espandersi, puoi lasciarla espandere, rilassandoti e smettendo di comprimerla o di nasconderla, permettendoti di essere te stesso.

E quanto la lascerai espandere? Sino agli infiniti confini dell'Universo in continua espansione e, cercandoli, consentirai a te stesso e alla tua Scintilla Divina di espandersi senza limiti. Qui percepirai già un cambiamento di stato e sarai in contatto con il tutto.

Ripetere più volte 'espansione' ti servirà a focalizzarti sulla sensazione di espansione e ti permetterà di arrivare allo stato molto più velocemente.

In questo passaggio, sei alla ricerca della tua vera Essenza e potrai sperimentare una nuova conoscenza di te stesso.

Ora, ad occhi chiusi, rivolgi lo sguardo verso la sommità del capo, mantenendo la posizione della testa dritta. All'inizio potrebbe essere difficile, non è un passaggio obbligatorio, tuttavia ti porterà ad aumentare la sensazione di connessione guidandoti verso uno stato più profondo.

Passo 6 - Risveglio della Kundalini

Nel processo, si risveglia un'energia molto potente che parte dal tuo perineo: è l'energia della Kundalini, che conduce all'ascensione. Questo è quello che devi sapere adesso. Se desideri scoprirne di più, ti suggerisco l'esperienza, piuttosto che Google.

Se hai sentito parlare della Kundalini, avrai forse sentito dire che è pericolosa. Io mi baso su quello che ho appreso attraverso l'esperienza, non sul 'sentito dire'.

La Kundalini mi si è risvegliata parecchi anni fa, quando non sapevo cosa fosse.

Era una sera d'estate, mi trovavo in mezzo alla natura davanti ad un falò, con alcuni amici ed altre persone.

La serata era molto piacevole e ad un certo punto è successo qualcosa: il mio corpo era paralizzato, vibravo e non riuscivo a muovermi, e nemmeno lo volevo: ero in estasi. Ho iniziato a vedere delle spirali rosse, con tante foglioline come germogli, salire dai miei piedi e altre identiche di colore verde scendere dall'alto verso di me, sino ad entrare nella mia testa.

Non riuscivo a muovermi, sentivo il mio corpo vibrare forte e un gran calore diffondersi ovunque. La sensazione era fortissima, spaventosa e meravigliosa, sotto lo sguardo terrorizzato della mia amica Daniela che vedendomi paralizzata e tremante, ha iniziato a preoccuparsi, ignara di ciò che mi stava accadendo e continuava a ripetermi: "Cosa ti succede? Stai male? Chiamo qualcuno?".
Con un filo di voce, le ho detto che stavo benissimo, sentivo che dovevo concentrarmi su ciò che stava accadendo, su quest'energia che non conoscevo e su ciò che sentivo che si stava risvegliando in me.

Quando ho ripreso il controllo del mio corpo, ho rimesso una decina di volte, mi stavo liberando di qualcosa.
Appena ho iniziato a comportarmi in modo umano e smesso di

essere la bella copia del film "L'Esorcista", mi si è avvicinata una ragazza che aveva seguito la scena, dicendomi: "Ti si è risvegliata la Kundalini". Io non sapevo nemmeno cosa fosse.

Mi sentivo benissimo, centrata, percepivo tutto il mio corpo, avevo una lucidità mai avuta prima e non avevo capito cosa fosse successo. L'unica cosa chiara era che quel processo mi aveva trasformata e aveva aperto una porta di saggezza, di connessione e di magia.

Questo è stato il mio primo approccio con l'energia della Kundalini.

Poi, alcuni anni fa, mentre tenevo un workshop di tutt'altro argomento, ho ricevuto dalle mie guide un metodo semplice ed efficace per risvegliare la Kundalini in quattro ore. Ho tenuto tantissime volte questo workshop, con centinaia di persone e tutte, dopo le prime eventuali resistenze, si sono sentite bene e trasformate.

Da allora, ho tenuto parecchi corsi per diffondere questo metodo dal processo potente e piacevole che ha portato il 99% di risvegli tra i partecipanti. Con la DC è ancora meglio!

Lascia andare ciò che ti è stato raccontato per spaventarti e goditi la tua esperienza con leggerezza. Questo processo è arrivato dagli Esseri di Luce… quale pensi possa essere il loro interesse?

L'esperienza che farai sarà dolce, immediata, potente e naturale. Lascia andare la mente e ciò che hai imparato e permettiti di andare oltre attraverso l'esperienza.

L'essere umano tende a credere a ciò che gli viene detto dagli altri, che legge su internet o sente in televisione, piuttosto che fidarsi delle proprie sensazioni e dalla propria esperienza; al contrario, è proprio nel tuo sentire che risiedono il tuo potenziale, la tua forza, la tua indipendenza… o forse è proprio di questo che hai paura?

Cerca la verità dentro di te, non in quella vocina rumorosa che instilla in te dubbio e incertezza, ma nel tuo cuore e nel tuo corpo. Dopo che avrai fatto la DC, sarai andato in Divine State e ti troverai in uno stato di presenza, centratura e lucidità, sarà ancora più facile!

Passo 7 - Connessione con il Divino

Ora si tratta di andare oltre, al di là del conosciuto e di ciò che ritieni possibile. Tu sei connesso al Divino e con la frase che ripeti lo dichiari apertamente e lo accogli: "Io sono te e tu sei me… Noi siamo l'Uno".

Hai raggiunto l'apice dello stato, che aumenterà d'intensità con la pratica. Puoi rimanere nel Divine State tutto il tempo che desideri e puoi aprire i tuoi occhi rimanendo in quello stato. Puoi proseguire la tua esperienza anche ad occhi aperti, l'effetto durerà fintanto che non ti distrarrai.

Nel Divine State starai benissimo. In quello spazio dove apparentemente non c'è nulla, c'è tutto ciò che hai sempre cercato, tutto ciò di cui hai bisogno e tutte le risposte. Questo Stato è impossibile da spiegare con le parole… Buona esperienza!

"Procedendo per passi ogni cosa, anche quella che può sembrare più difficile diventa realizzabile!"

Patrizia Setteducati

I 7 passi della Divine Connection

1. Trova una posizione comoda. Chiudi gli occhi e respira profondamente… Rilassati.

   Lascia che un fascio di luce di colore bianco dorato scintillante ti avvolga e, passando dalla sommità del capo, lascia che penetri nel tuo corpo, riempiendolo di luce. Questa è l'energia della Fonte.

2. L'energia della Fonte, in forma di raggi laser, tocca i punti, sul tuo viso, sulla tua nuca e sul tuo corpo, che ti portano tranquillità. Trova la sensazione piacevole che si sviluppa in te e lasciala espandere.

3. Senti, vedi e porta l'attenzione all'interno del corpo. Senti, vedi e porta l'attenzione allo spazio attorno a te, sentiti nello spazio infinito che ti circonda.

4. Ora, lascia andare tutto, sia ciò che ritieni negativo che ciò che ritieni positivo per te e per la tua vita:

- Lascia andare le credenze, tutti i tuoi pensieri, lascia andare l'attaccamento, lascia andare tutte le emozioni positive e quelle negative, come l'odio, la rabbia, il rancore, l'euforia…

- Lascia andare il tuo lavoro, sia che tu sia dipendente, libero professionista, imprenditore, artista…

- Lascia andare la tua casa, i tuoi averi, il tuo patrimonio, i tuoi possedimenti, il tuo status sociale, quello economico…

- Lascia andare i tuoi hobbies, i tuoi interessi, i tuoi ruoli, le tue aspettative…

- Lascia andare la tua educazione, le regole che ti sono state imposte e quelle che tu stesso hai scelto di adottare, lascia andare tutto ciò che ti è stato insegnato, lascia andare l'educazione, la religione, i dogmi, lascia andare il giudizio e l'autogiudizio.

- Lascia andare le persone della tua vita, quelle che odi, quelle che ti sono quasi indifferenti e quelle che ami, i colleghi/soci, i tuoi nemici e i tuoi amici, i tuoi amici animali, la tua famiglia di origine, il tuo compagno/a, tuo marito/moglie e ora, se ne hai, lascia andare anche i tuoi figli…

- Lascia andare i tuoi titoli, ciò che pensi di te, ciò che pensi di essere, ciò che pensi di dover essere, l'immagine di te, la tua identità. Ora lascia andare i tuoi obiettivi, i tuoi sogni… ed ora lascia andare il tuo nome…

Non sei più nessuno di definibile, sei in un luogo in cui non esiste più il tempo, sei in un luogo in cui non esiste più lo spazio così come tu lo conosci.

Tutto ciò che è illusione scompare, tutto ciò che realmente non sei, scompare…

Rimane solo l'Essenza, la tua parte assoluta e autentica, la tua Scintilla Divina. Connettiti con essa permettiti di vederla, di sentirla, di percepirla…

5. Permetti alla tua Scintilla Divina di espandersi sino agli infiniti confini dell'Universo in continua espan-

sione. Cerca i confini dell'Universo…

Lasciala espandere all'infinito, fino a fonderti con tutta l'energia Cosmica in tutta la sua espansione… ESPANSIONE, ESPANSIONE, ESPANSIONE…

Ad occhi chiusi solleva lo sguardo, lasciando invariata la posizione del capo, per aumentare la tua sensazione di connessione allo Stato Divino.

6. Lascia che l'energia sacra che si trova nella zona del perineo fluisca in te, risalendo la tua spina dorsale. Senti il calore di un liquido caldo che si muove lungo la colonna, senti due spirali che si avvolgono a essa in senso opposto, lascia che risalga sino al tuo capo e che s'irradi verso l'Universo…

Miriadi di raggi di luce ti connettono con tutto ciò che esiste, con la Fonte e con la Terra, formando un reticolo universale di segmenti di connessione nel quale sei in piena fusione con il Cosmo, tanto da non cogliere più la linea di separazione tra te e tutto ciò che esiste…

7. Continua a espanderti e a cercare i confini dell'Universo che sono all'infinito e in continua espansione…

Sei nell'Universo, sei l'Universo, ti connetti con il Divino che è dentro e fuori di te in un tutt'uno e sei quel Divino; il dentro e il fuori di te sono ora un tutt'uno e tu sei quel Divino.

Rivolto al Divino ripeti: "Io sono te e tu sei me… Noi siamo l'Uno". Stai lì e vibra il Divino che sei. Rimani in quello stato tutto il tempo che lo desideri. Quando senti che è il momento di tornare apri i tuoi occhi rimanendo in quello stato.

Com'è stata la tua esperienza in Divine Connection?

Alle conferenze, ho portato i partecipanti a sperimentare il processo e la totalità dei presenti ha sperimentato il Divine State, chi più chi meno intensamente già dalla prima volta e in pochissimi minuti.

Fai pratica, affinché il processo diventi automatico, sempre più veloce e più potente.

Nel Divine State non ci sono pensieri o attaccamenti, i problemi svaniscono, diventano insignificanti, non ci sono domande, sei nell'ignoto, sei nel tutto e sei il Tutto... quel tutto che si scopre solo dove non c'è niente!

Se giungono dei pensieri o se tenti di fuggire, semplicemente torna lì, dove sei l'Essenza, dove ti rendi conto che i limiti non esistono, che esiste solo ciò che sei, la verità senza limiti, un mare d'infinite possibilità. Sei nel Punto Zero.

Qui non c'è nulla ma in quel nulla c'è il tutto: sei nello spazio delle infinite possibilità, dove tutto diventa possibile.

Raggiungi un grado di consapevolezza supremo: accedi a informazioni superiori, osservi la tua vita, arrivi a comprendere te stesso e la tua esistenza a un livello a cui normalmente non hai accesso.

Puoi accedere a un livello vibrazionale superiore da cui puoi trasformare te stesso dall'illusione di ciò che non sei alla realtà di ciò che sei, da ciò che pensi o vorresti essere a ciò che sei veramente. Le tue vibrazioni aumentano e il Campo a cui ti connetti influenza non solo la tua vita, ma anche le persone che ti circondano e il mondo intero. Non puoi nemmeno immaginare ciò che puoi creare entrando in questa vibrazione e sentendo veramente chi sei.

Nel Divine State sei in contatto con la bellezza della tua Essenza e puoi provocare un cambiamento radicale attorno a te grazie alla tua vibrazione.

Vibra in questo stato, cambia te stesso e il tuo mondo… Comprenderai come il dolore è pura illusione e come puoi creare la tua vita autentica.

Fermati e ripercorri i passaggi, almeno tre volte. Entra nello stato, goditi l'esperienza, esci dallo stato e rientraci nuovamente. Questo ti consentirà d'imparare ad attivare il processo sempre più velocemente e fare un'esperienza più intensa.

Cosa puoi fare con la Divine Connection:

- connetterti per raggiungere lo stato di pace

- ricaricarti di energia

- lasciare andare le emozioni

- perdonare

- accedere alle informazioni importanti per la tua esistenza

- rivalutare le situazioni e i problemi della tua vita

- manifestare abbondanza

- accedere ad uno stato di saggezza e consapevolezza

- manifestare i tuoi sogni, creare una nuova realtà, ecc.

Tutto ciò che è possibile trasmetterti in un libro lo trovi qui.

Se desideri approfondire tematiche più complesse, potrai farlo durante i workshop dal vivo, come il Divine Connection Live.

6.4 Come utilizzare il Divine State

Quando entri in Divine State tramite il processo della DC sei connesso con la verità. La verità esiste, solo che si trova ad un livello diverso da quello da cui normalmente poni le domande, e in più, non la puoi spiegare, ma solo sperimentare.

Il dolore è legato alla paura e ti allontana dall'essere pienamente te stesso e dall'esprimerti. Quando non ti permetti di essere te stesso pienamente sperimenti il vuoto esistenziale e il male di vivere che nel Divine State scompaiono.

Nel Divine State ti trovi in uno 'stato di assoluto', in cui c'è tutto senza esserci nulla.

Qui si svela la verità e tutto ciò che è illusione scompare, quando entri in quello stato.

Come sarebbe farlo con tutte le tue paure, i dubbi, le credenze, il dolore, i rancori, i disagi per poi entrare nello Stato di Grazia? Lo vuoi fare? Sappi che è possibile e semplice.

L'unica cosa che devi fare è praticare.

6.5 Esercizio: cosa e come lasciare andare

Ora, fai una lista di ciò che ti fa star male e che vorresti lasciar andare, di cui vorresti liberarti.

Potrebbero essere ferite relative ai tuoi genitori, a cosa provi quando non ti senti rispettato, emozioni o sensazioni che emergono e che non comprendi, dipendenze, paure, condizionamenti, blocchi, pregiudizi, limiti, divieti e doveri che t'imponi, il rapporto con il denaro, con la religione, con Dio, con il tuo corpo, con gli altri, con il tuo partner, problemi relazionali, emozioni, attaccamenti, schemi e credenze limitanti, bisogni insoddisfatti, mancanze, persone che non hai perdonato, ciò che non ti permetti, il senso di colpa nei confronti di qualcuno, comportamenti che desideri lasciar andare legati al cibo, al bisogno di mentire o di giustificarti, la paura dell'abbandono e della solitudine, una difficoltà, rimorsi e rimpianti, qualcosa che non riesci a realizzare, la sfiducia nei confronti della vita, le delusioni, i fallimenti, ecc.

Puoi lavorare su tutto, ma proprio tutto, per poi arrivare anche alle emozioni positive, ma di questo ne parleremo in seguito.

Tematiche da sciogliere

....

....

....

....

....

....

....

....

....

....

....

....

....

....

....

....

....

....

Ottimo! Ora, entra in Divine State e prendi ogni singolo tema, uno per volta, rileva le sensazioni che senti nel corpo, collegate ad ogni tematica che hai messo in elenco, ed espandila all'infinito, seguendo il processo con la variante che trovi nelle prossime pagine. Cosa succederà?

In Divine State, sei connesso alla verità e le illusioni connesse alla dualità scompaiono. Cosa accade quando espandi ciò che ti fa stare male? Sparisce… e sparisce subito. Se non subito lo farà a breve con la pratica.

Ti sarà sufficiente perseverare per liberarti da ciò che ti ha limitato. Se dovessi provare attaccamento per ciò che ti ha fatto soffrire e che hai trattenuto espandilo e liberati anche da quello.

So che è difficile accettare che qualcosa che ti ha tormentato per tanto tempo possa dissolversi in un istante, ma questo è ciò che può accadere se te lo permetti. Interessante vero?

So che può sembrarti impossibile (ne era convinta anche Lucia di cui hai letto nel capitolo 1) e ti sembrerà di perdere il controllo.

Chi perde il controllo è la tua mente che ha originato i problemi, che tu potrai risolvere come per magia entrando nel Divine State.

Con l'esperienza, diventa sempre più facile entrarvi. Lo stato e le sensazioni positive saranno sempre più forti, fino a che sarà immediato entrare in contatto con il Divino e diverrà un processo spontaneo.

6.6 Come lasciare andare blocchi, emozioni, sensazioni, paure e tutto ciò che t'impedisce di essere felice

"Sembra sempre impossibile, finché non viene fatto".

Nelson Mandela

Ora, è il momento che stavi aspettando: imparerai a sciogliere la 'spazzatura' emozionale, le paure, i blocchi, le sensazioni spiacevoli, le credenze limitanti e tutto ciò che ti blocca.

Ti suggerisco di fare piazza pulita, di non trattenere nulla, di arrivare ad uno stato di completa neutralità.

Espandendo anche le sensazioni piacevoli avrai delle bellissime sorprese. Certo, è un lavoro lungo, ma ne vale la pena, è in gioco la tua vita!

Quello che è illusione si scioglierà, quello che è reale ed è connesso all'amore si espanderà. Parti sempre dalla sofferenza e, se devi scegliere tra varie tematiche e non sai da dove partire, parti da quello che stai provando in questo momento.

Quando arrivi a uno stato di pulizia totale, quello che chiamo

White Board (lavagna bianca), ti trovi in uno stato di gioia e di gratitudine incondizionata, indipendentemente dalle circostanze della vita.

Il tempo impiegato per raggiungere questo stato, dipende da quanto ti permetti di espandere tutto ciò che si presenterà a livello di emozioni e sensazioni, da quanto prenderai seriamente il processo e da quanto lo praticherai. Ci vuole quel pizzico di follia, che ti permette di utilizzare la creatività per applicare il processo in ogni situazione, per ogni emozione e sensazione.

Quindi, per prima cosa guarisci dalla 'rimandite' e applica subito il processo per lasciar andare tutto ciò che t'impedisce di splendere tutta la tua luce, di essere il meglio che puoi essere, di manifestare la miglior vita che tu possa manifestare e di ottenere ciò che desideri.

Questo non vuol dire che non proverai più emozioni, ma significa che sarai a un livello più elevato di coscienza, uno stato simile a quello che provano i Maestri Illuminati: lo Stato di Grazia.
Questo Stato, privo di attaccamenti e di paure, ti permette di ma-

nifestare anche ciò che ora ti sembra impossibile senza provare attaccamento. Non vivrai più la mancanza, la paura di non poter manifestare ciò che desideri e questo renderà i tuoi sogni facilmente raggiungibili.

Più sarai disinteressato nell'ottenere, più otterrai, più sarai neutrale riguardo ai risultati delle tue azioni, più queste saranno efficaci, più sarai disinteressato nel realizzare i tuoi sogni, più i tuoi sogni verranno 'a sbattere' contro di te. So che ti stai chiedendo: "Ma questo funzionerà anche con me? Con tutto quello che ho sofferto e che ho passato? Mi sento incapace...".

La risposta è: sì, funziona con tutti, indipendentemente da quello che hanno vissuto, subito e sofferto, quindi funzionerà anche con te... Sempre che tu lo voglia e che sia disposto a fare ciò che è necessario per essere felice.

"Non sai che ognuno ha la pretesa di soffrire molto più degli altri?".

Honoré de Balzac

Ora sai che questa è la strada per entrare nello Stato Divino.

Più pulirai, più sentirai questo stato, più sarai nello stato, più potente sarai nelle tue manifestazioni. Più pulirai, più sarai in unione col Divino e potrai quindi manifestare tutto con facilità.

Inizia con il processo di pulizia, che ha solo alcune varianti rispetto a quello che hai già sperimentato.

Divine Connection

il Processo di scioglimento

- Pensa a una situazione della tua vita che ti fa soffrire e che ti provoca disagio.

- Connettiti ad una situazione su cui hai scelto di focalizzarti e attivala, provala al massimo livello.

- Rilevane l'intensità (da 1 a 10), così da poter valutare quanto sarà scesa alla fine del processo.

1. Trova una posizione comoda. Chiudi gli occhi e respira profondamente… Rilassati.

   Lascia che un fascio di luce di colore bianco dorato scintillante ti avvolga e passando dalla sommità del capo, lascia che penetri nel tuo corpo, riempiendolo di luce. Questa è l'energia della Fonte.

2. L'energia della Fonte, in forma di raggi laser, tocca i punti, sul tuo viso, sulla tua nuca e sul tuo corpo, che ti portano tranquillità. Trova la sensazione piacevole che si sviluppa in te e lasciala espandere.

3. Senti, vedi e porta l'attenzione all'interno del corpo. Senti, vedi e porta l'attenzione allo spazio attorno a te, sentiti nello spazio infinito che ti circonda.

4. Ora, lascia andare tutto, sia ciò che ritieni negativo, che ciò che ritieni positivo per te e per la tua vita:

   - Lascia andare le credenze, tutti i tuoi pensieri, l'attaccamento e tutte l'emozioni, positive e negative, come l'odio, la rabbia, il rancore, l'euforia…

- Lascia andare il tuo lavoro, che tu sia dipendente, libero professionista, imprenditore, artista…

- Lascia andare la tua casa, i tuoi averi, il tuo patrimonio, i tuoi possedimenti, il tuo status sociale, quello economico…

- Lascia andare i tuoi hobbies, i tuoi interessi, i tuoi ruoli, le tue aspettative…

- Lascia andare la tua educazione, le regole che ti sono state imposte e quelle che tu stesso hai scelto di adottare, lascia andare tutto ciò che ti è stato insegnato, lascia andare l'educazione, la religione, i dogmi, lascia andare il giudizio e l'auto-giudizio.

- Lascia andare le persone della tua vita, quelle che odi, quelle che ti sono quasi indifferenti e quelle che ami, i colleghi/soci, i tuoi nemici e i tuoi amici, i tuoi amici animali, la tua famiglia di origine, il tuo compagno/a, tuo marito/moglie e ora, se ne hai, lascia andare anche i tuoi figli…

- Lascia andare i tuoi titoli, ciò che pensi di te, ciò

che pensi di essere, ciò che pensi di dover essere, l'immagine di te, la tua identità. Ora lascia andare i tuoi obiettivi e i tuoi sogni ed ora lascia andare il tuo nome…

Non sei più nessuno di definibile, sei in un luogo dove non esiste più il tempo né lo spazio così come tu lo conosci.

Tutto ciò che è illusione scompare, tutto ciò che realmente non sei scompare…

Rimane solo l'Essenza, la tua parte assoluta e autentica, la tua Scintilla Divina. Connettiti con essa, permettiti di vederla, di sentirla, di percepirla…

5. Permetti alla tua Scintilla Divina di espandersi sino agli infiniti confini dell'Universo in continua espansione. Cerca i confini dell'Universo…

Lasciala espandere all'infinito, fino a fonderti con tutta l'energia cosmica in tutta la sua espansione. ESPANSIONE, ESPANSIONE, ESPANSIONE…

Ad occhi chiusi solleva lo sguardo, lasciando invariata la posizione del capo, per aumentare la tua sensazione di connessione allo Stato Divino.

6. Lascia che l'energia sacra che si trova nella zona del perineo fluisca in te risalendo la tua spina dorsale. Senti il calore di un liquido caldo che risale lungo la colonna, senti due spirali che si avvolgono ad essa in senso opposto, lascia che risalga sino al tuo capo e che s'irradi verso l'Universo…

Miriadi di raggi di luce ti connettono con tutto ciò che esiste, con la Fonte e con la Terra, formando un reticolo universale di segmenti di connessione nel quale sei in piena fusione con il Cosmo, tanto da non cogliere più la linea di separazione tra te e tutto ciò che esiste…

7. Continua a espanderti e a cercare i confini dell'Universo che sono all'infinito e in continua espansione…

Sei nell'Universo, sei l'Universo, ti connetti con il Divino che è dentro e fuori di te in un tutt'uno e sei quel Divino; il dentro e il fuori di te sono ora un tutt'uno e tu sei quel Divino.

Rivolto al Divino, ripeti: "Io sono te e tu sei me… Noi siamo l'Uno". Stai lì e vibra il Divino che sei.

- Rimanendo nel Divine State, richiama la sensazione su cui hai scelto di focalizzarti.

  In Divine State, espandi il disagio su cui ti sei focalizzato. Espandilo, Espandilo, Espandilo… fino alla dimensione infinita dell'Universo, fino ai suoi infiniti confini in continua espansione, mantenendo attivo il Divine State… Non si tratta di dargli forza ed energia o farlo crescere, ma di espandere la sensazione, l'emozione, il disagio o il vuoto, espandilo…

- Quando senti che la sensazione è cambiata e si è rarefatta al massimo o dissolta, stimolala e rilevane l'intensità numerica da 1 a 10.

- Se è scomparsa, apri gli occhi, altrimenti continua fino a farla scomparire, o almeno arrivare al livello più basso possibile. Quando senti che è il momento di tornare, apri i tuoi occhi rimanendo in Divine State.

Cosa succede? Dopo un po' il disagio scompare. Se provi a riattivare la sensazione/disagio… Facilmente non ci riuscirai. Se la sensazione è scomparsa, perfetto, altrimenti ripeti il processo fino allo scioglimento totale.

Anche paure molto grandi possono scomparire in qualche istante.

In una conferenza a Milano, ho fatto provare la Divine Connection. In prima fila c'era Giovanna, che aveva una grande paura. Le è bastato fare il processo una sola volta e in pochi istanti la paura è sparita.

Ho fatto fare al gruppo una simulazione per risvegliare la paura su cui avevano lavorato, ma nulla… Sparita! Il bello è che, quando le ho chiesto se voleva svelarci di quale paura si trattasse, se l'era completamente dimenticata!

In genere, la maggior parte delle sensazioni scompare in pochi istanti. Alcune persone non sono disposte a lasciar andare del tutto una paura, un pensiero, una credenza che li ha accompagnati per molto tempo.

Liberarsene può portare una certa instabilità: "E ora che non ho più quel limite cosa faccio?". Alcuni arrivano a dire: "Ma chi sono io senza quel senso di inutilità?", oppure "Chi sono io, se non credo più di non valere nulla e di essere un'incapace?". Credimi, accade!

Questo perché molti hanno rimandato la loro felicità e sono rimasti attaccati a questo pensiero o a questa credenza, che offre loro un beneficio secondario, di cui parleremo nel prossimo capitolo, per tutta la loro vita, e adesso non riescono più a farne a meno; si trovano a dover mettere in discussione tutta la loro esistenza e questo comporta un bel cambiamento.

Mi è capitato recentemente con Giorgia, una dei partecipanti al workshop Divine Connection Live a Bologna.

Giorgia viveva in uno stato di profonda sofferenza: si sentiva sola, aveva grandi problemi economici, non aveva mai un attimo di pace, appena sembrava che le cose cominciassero ad andare meglio, ecco che le accadeva qualcosa, un piccolo incidente, una spesa improvvisa, un problema relazionale...

Inoltre, si sentiva una fallita, sentiva di non aver concluso nulla nella vita, non sapeva cosa voleva fare 'da grande', si sentiva quindi una buona a nulla.

Giorgia, dopo aver sciolto la sensazione connessa alla credenza di essere una buona a nulla, mi ha detto: "E ora cosa faccio? Non so più chi sono, non sono più quella di prima, non so più come fare, sento un senso di vuoto come se mi fossi persa...". Risultato raggiunto!

Cosa pensi che le abbia risposto? "Ora sai come fare: lavora sul sentirti persa, sul non sapere come fare e su tutti i disagi che percepisci! Ora sei pronta ad aprirti al meraviglioso Essere che sei.

È normale che tu senta disagio, è tutto nuovo ed è accaduto in pochi minuti, ora tutto può cambiare, non è per questo che sei venuta qui?".

Ora che hai letto il caso di Giorgia, sai che tutto accade davvero, basta farlo! Ho visto cambiare persone che utilizzano questo metodo così velocemente che posso solo paragonarlo a un miracolo! Pensi che stia esagerando?

Puoi scegliere di dimostrare che ho torto (i miracoli non sono mai possibili quando una persona non è pronta a riceverli), oppure puoi mettere in pratica il metodo e trasformare la tua vita nella vita più magica che tu possa vivere ed essere tu stesso l'artefice del miracolo. A te la scelta…

"Decidete che una cosa si può e si deve fare e troverete il modo".

Abramo Lincoln

Scrivimi quali sono le tue esperienze in merito ai rilasci, a come ti senti e cosa provi quando entri nel Divine State. Sarà un piacere conoscere la tua esperienza e comprendere cosa provi. Questo mi permette di aiutarti sempre meglio e fa sì che anche gli altri vedano quali risultati e quali miglioramenti stai ottenendo, e possano ispirarsi alla tua esperienza.

Il mio sogno è che tutti, un giorno, possano essere connessi al Divine State e che il mondo in cui vivi, e in cui vivranno i tuoi figli (se ne hai o ne avrai) sarà migliore e, sebbene sia difficile anche solo da immaginare, spero che possa essere anche uno dei tuoi sogni…

Invia qui i tuoi video e le tue testimonianze scritte: info@divineconnection.one

Eccoti un regalo: il processo in breve!
Ho previsto la tua preoccupazione di doverlo imparare tutto a memoria ☺

Il processo Divine Connection in breve

- Individua ciò su cui vuoi lavorare.

- Stimola quella sensazione, paura, emozione.

- Rilevane il valore.

1. Connettiti alla Fonte.

2. La Fonte manda raggi laser che stimolano una sensazione piacevole che si espande.

3. Senti il corpo dentro di te e il corpo nello spazio.

4. Lascia andare tutto. Non sei più nessuno di definibile. Incontri la tua Scintilla Divina.

5. La Scintilla si espande all'infinito. Tira su gli occhi.

6. Lascia salire la Kundalini. Raggi di luce ti connettono al tutto.

7. "Io sono te e tu sei me, noi siamo l'Uno".

- Stimola la sensazione su cui stai lavorando, espandila.

- Quando sembra scomparsa, stimolala e rilevane il

valore.

- Se è scomparsa apri gli occhi rimanendo nel Divine State, altrimenti continua ad espanderla.

Dopo alcune volte che avrai sperimentato il processo, ti basterà ricordare i passaggi che trovi nella versione breve. Per questo motivo ti ho suggerito di percorrere alcune volte il processo base di connessione, tutto così avverrà ancora più facilmente. Tieni conto che spesso è un processo che si impara ripetendolo 3/5 volte. E se dovessi dimenticare un passaggio? A meno che non sia l'espansione della Scintilla Divina, o l'espansione del disagio, avverrà lo stesso.

➜ <u>**AREA RISERVATA DEL LIBRO**</u> ⬅

trovi: Audiolibro e Contenuti Gratuiti

Per accedere, registrati a questo link:

➜ <u>http://bit.ly/risorse-libro</u>

I SEGRETI CHE HAI SCOPERTO NEL CAPITOLO 6:

- **SEGRETO n. 38:** La Divine Connection ti mette in connessione con la verità e proprio per questo, tutto ciò che è illusione nella tua vita può sciogliersi.

- **SEGRETO n. 39:** Questo processo ti permette di creare uno spazio dentro di te, sempre più libero e pulito dalle illusioni della dualità e dalla tua interpretazione degli eventi: la White Board.

- **SEGRETO n. 40:** Ricordati di pulire tutto. Non aver paura di esagerare: ciò che è vero e utile per te non si scioglierà.

- **SEGRETO n. 41:** Con la Divine Connection, lasciar andare, è semplicissimo, sta a te scegliere di realizzare questo miracolo. Ne vale la pena, ne va della tua vita!

- **SEGRETO n. 42:** Per riuscire devi andare oltre ciò che credi possibile. E se lo reputi difficile? Lavoraci con la Divine Connection e poi sciogli tutto il resto.

- **SEGRETO n. 43:** Il metodo è potentissimo, veloce ed efficace. Ma non basta conoscerlo per trasformare la tua vita... devi applicarlo!

Capitolo 7

Come puoi ottenere ancora di più

"Ci sono due modi di vivere la vita. Uno è pensare che niente è un miracolo. L'altro è pensare che ogni cosa è un miracolo".

Albert Einstein

7.1 I Benefici Secondari: una droga molto pericolosa

"La prima regola è non ingannare se stessi, ma la persona più facile da ingannare siamo proprio noi stessi".

Richard P. Feynman

Cosa devi sapere se non riesci a lasciar andare con facilità? Se hai qualche difficoltà nello sciogliere qualcosa che ti limita, è importante che tu tenga conto di un fattore determinante: i benefici secondari.

Quando un limite o un disagio ti impedisce di manifestare ciò che desideri, dietro l'angolo si nascondono uno o più benefici secondari. Cosa sono?

Il beneficio secondario è qualcosa di positivo che ricevi da qualcosa di negativo. Qualcosa che ti da una certa sicurezza e comodità, anche se è legato a qualcosa che ti nuoce e ti limita.

Ti faccio un esempio: Giovanna è mamma di tre figli, è sempre attiva e si prodiga tra bambini, lavoro, incombenze familiari, necessità dei suoi genitori anziani, di suo marito, del circolo di beneficenza.

Ad un certo punto, si ammala e cosa succede? Tutti cominciano a prendersi cura di lei, a coccolarla… improvvisamente è esonerata da tutte le sue incombenze. Anche se nessuno poteva fare a meno di lei, ora invece tutti sembrano indipendenti e si prendono cura di lei. Per Giovanna il beneficio secondario nell'ammalarsi è quello di prendersi una pausa ed essere coccolata da tutti.

Tutte le situazioni che sono un limite per te, nascondono un beneficio secondario.

Se, ad esempio, non riesci a realizzarti, anche da questo trai un beneficio secondario: non realizzandoti, magari non devi metterti in gioco pienamente… Chi non fa non sbaglia mai!

Non sei in prima linea e sei al sicuro dal giudizio degli altri, anche perché sai bene che chi ottiene successo non sempre viene visto di buon occhio, specie da chi non se lo concede. Inoltre, la figura della povera vittima è sempre quella che incute più tenerezza e simpatia, così sei al sicuro. È chiaro il concetto?

A volte basta fare il processo DC di scioglimento sull'emozione o sulla sensazione senza dover rilevare il beneficio secondario.

Quando il beneficio secondario è forte, lavorandoci su, il processo di scioglimento del disagio può diventare immediato. In tal caso, è necessario lavorare sulla sensazione piacevole e confortevole presente in te nel momento in cui si attiva il limite.

Avresti mai pensato di dover sciogliere e lasciare andare qualcosa di piacevole?

Sì, la sensazione è piacevole, perché il beneficio secondario è come una droga: ti regala qualcosa di piacevole a breve termine, che però, a medio o a lungo termine, ti rovina la vita.

Esempio: se ti abbuffi di cioccolato, lì per lì sarà piacevole, ma a lungo termine? Quali effetti potrà avere sulla tua salute?

Se stai nel lettuccio caldo e nella tua zona di comfort, quando avresti tante cose importanti da fare, quali saranno gli effetti sulla tua vita, che cosa provocherà il goderti quella breve e fugace sensazione piacevole?

La magia della vita generalmente la trovi al di fuori di quell'attimo di piacevolezza, quando vai oltre la tua zona di comfort, dove c'è scomodità, piccoli o grandi limiti da superare.

Cos'è il BENEFICIO SECONDARIO?

➔Fuori fa freddo e piove e tu sei nel tuo lettuccio caldo sotto al piumone abbracciato al tuo orsacchiotto e non vuoi alzarti...

anche se hai delle cose importanti da fare.

Quando non riesci a lasciare andare chiediti:
"Qual è il mio beneficio secondario nel trattenere...?"

E sciogli la sensazione piacevole

Spesso, ciò che ti fa sentire bene a breve termine ti rovina la vita; valuta a breve, medio e a lungo termine ogni cosa e scelta che fai per comprendere cosa sta creando il tuo comportamento.

Quali effetti ha questa scelta/azione sulla mia vita?

➜**A breve termine**

➜**A medio termine** (1 anno)

➜**A lungo termine** (3-5-10 anni)

Spesso ciò che ha un effetto piacevole a breve termine ti rovina la vita, le scelte migliori sono quelle che producono un effetto positivo a medio e lungo termine.

La scoperta dei benefici secondari per molti partecipanti al Divine Connection Live è stata la chiave di volta che ha permesso loro di sciogliere con facilità molti blocchi di cui non riuscivano a liberarsi.

Ti porto l'esempio di Emanuela, che si trovava bloccata, non riusciva a lasciar andare la sua tendenza a deprimersi e a demotivarsi tutte le volte che faceva un passo nella direzione dei suoi sogni. Lavorandoci con la DC Manuela ha trovato il beneficio secondario connesso alla paura di fallire che non le consentiva di mettersi in gioco: "Ho paura di fallire, di non essere in grado, se mi deprimo e mi blocco sono al sicuro, nessuno mi giudicherà perché ho fallito. Mi blocco, non agisco e sono salva!" Lavorandoci la situazione si è sbloccata velocemente.

Ti è più chiaro cosa sono i benefici secondari?
I benefici secondari sono subdoli e si nascondono dietro sensazioni piacevoli che ti fanno sentire bene, per questo non li scovi nell'immediato, ti danno una giustificazione del tuo blocco, del tuo fallimento, ti permettono di raccontarti delle scuse.

Ancora un esempio?
Marco non ama andare a scuola, si ammala spesso; quando accade, la mamma lo coccola, sta a casa dal lavoro per stare con lui e non deve nemmeno fare i compiti… una buona ragione per am-

malarsi!

Alla luce di quanto hai scoperto con i benefici secondari, di seguito trovi come diventa il processo quando lo integri con lo scioglimento dei benefici secondari.

Il processo DC

con scioglimento dei benefici secondari

- Individua ciò su cui vuoi lavorare.

- Stimola quella sensazione, paura, emozione.

- Rilevane il valore.

1. Connettiti alla Fonte.

2. La Fonte invia raggi laser che stimolano una sensazione piacevole che si espande.

3. Senti il corpo dentro di te e il corpo nello spazio.

4. Lascia andare tutto. Non sei più nessuno di definibile. Incontri la tua scintilla Divina.

5. La scintilla si espande all'infinito. Tira su gli occhi.

6. Lascia salire la Kundalini. Raggi di luce ti connetto-

no al tutto.

7. "Io sono te e tu sei me, noi siamo l'Uno".

- Stimola la sensazione su cui stai lavorando, espandila. Quando sembra scomparsa, stimolala e rilevane il valore.

- Se è scomparsa, apri gli occhi rimanendo nel Divine State, altrimenti continua ad espanderla. Quando sembra scomparsa stimolala e rilevane il valore.

- Se il valore non è a zero, cerca il beneficio secondario e la sensazione piacevole ad esso collegata.

- Rilevane l'intensità ed espandila fino a portarla a zero.

- Pensando alla situazione attivatrice, verifica e accertati che si sia sciolta completamente.

- Se è scomparsa, apri gli occhi rimanendo nel Divine State, altrimenti continua ad espanderla.

Ora hai la chiave per sciogliere tutti i blocchi, le resistenze e le paure nulla ti potrà più fermare, a meno che non sia tu a deciderlo… Se così dovesse essere, prima di arrenderti, potresti sciogliere la sensazione che ti porta a questo sabotaggio?

7.2 In cosa consiste il metodo White Board: non c'è nulla eppure c'è tutto

"Vivere fino in fondo i tuoi sogni può essere più terapeutico che analizzarli."

Pubblicità di un albergo

Come puoi mettere in pratica la Divine Connection per ottenere i migliori risultati?

Qui di seguito, troverai lo schema relativo allo svolgimento dei vari processi suddivisi per macro categorie, in modo che tu possa avere una traccia da seguire.

La traccia si basa sul metodo esclusivo White Board (Lavagna Bianca). Grazie a questo processo, puoi creare uno spazio che ti permette di essere libero da tutto ciò che non sei, per portarti ad essere chi sei veramente.

Lo schema ti riporta la sequenza che ti guiderà quando comincerai ad espandere con la DC: il fine è di arrivare alla 'lavagna bianca'.

Ci vorrà un po', ma intanto, visto che inizierai a lavorare su ciò che ti provoca dolore, la tua vita farà un salto di qualità.

In seguito, quando andrai più a fondo, arriverai a livelli di benessere e capacità di manifestazione che non hai mai nemmeno sperato di poter raggiungere.

Sequenza dei processi con il metodo White Board

1. Espandi tutto ciò che è negativo, non ti piace o ti limita.

2. Espandi tutto ciò che sembra positivo e ti fa stare bene a breve termine.

3. Espandi tutto ciò che è positivo e ti piace.

4. Se crei il vuoto con la White Board, sei libero di essere chi sei davvero, entri in contatto con il tuo Divino e ti risvegli.

5. Da quel livello in cui sei in contatto con la saggezza dell'Essere Divino che sei, dove non c'è più niente e nulla è più scontato e dove non sei più condizionato,

non ci sono più limiti.

6. Scegli cosa accogliere nella tua vita partendo da zero.

In questo processo ricordati di:

- espandere le emozioni e le sensazioni collegate a ciò che fa parte della tua vita.

- espandere ciò che fa parte della tua vita.

- espandere la paura di perdere ciò che fa parte della tua vita.

Tutto va espanso, anche ciò che dai per scontato, come ad esempio il lavoro, la casa, la famiglia.

Più sarai accurato e categorico nel lasciar andare, più acquisterai sicurezza e ti avvicinerai profondamente all'Essere che sei realmente; questo ti permetterà di vivere senza paura e di manifestare e realizzare tutto ciò che reputi importante per te e per il tuo cammino.

Chiediti sin da ora:

Cosa farei se non avessi paura?

7.3 Cos'altro posso fare con la Divine Connection?

Sicuramente puoi entrare nel Divine State e spassartela, perché in quello stato si sta davvero bene, si sta... da Dio! Una volta ci sono stata 5 ore e non mi sono accorta del tempo che passava.

Il Divine State ti permette di:
- raggiungere uno Stato di presenza e di saggezza elevato per vivere coscientemente la vita,
- meditare, per raggiungere una maggiore consapevolezza e smettere di mentirti e sabotarti,
- aumentare le vibrazioni, per sentire pace, armonia e benessere,
- percepire la tua potenza, e l'Essere infinito che sei per poterlo esprimere praticamente nella vita smettendo di limitarti,
- rilassarti,

- allineare corpo, mente e spirito, creare congruenza tra le tue parti per eliminare i tuoi conflitti interiori,

- entrare in uno 'stato di neutralità' per poter ricevere informazioni e risposte alle tue domande,

- manifestare velocemente ciò che desideri,

- percepire cosa è bene per te e scegliere con maggiore consapevolezza,

- realizzarti facilmente grazie alla capacità di ascoltarti, alla congruenza che puoi creare in te e alla capacità di manifestare.

Se pratichi Reiki o lavoro energetico, prova a farlo dopo essere entrato nel Divine State... poi mi dirai ;-)

Usa la fantasia e fammi sapere come hai sfruttato il processo e cosa hai sperimentato, ti potrò dare ulteriori suggerimenti nel gruppo Facebook DC: http://bit.ly/gruppo-divine-connection

Angelino, che ha partecipato al ritiro DC, 3 Giorni di Luce, mi ha raccontato di aver applicato Reiki ed altre tecniche che usa per aiutare le persone di cui si prende cura, dopo essere entrato in Divine State.

Era emozionatissimo nel raccontare i benefici che ha portato alle persone che ha trattato da allora. Tutte hanno avuto esperienze mai provate prima, erano meravigliate e si sono accorte che avevano ricevuto qualcosa di diverso. Angelino, da allora, non fa più trattamenti senza usare la Divine Connection.

"Nel mio nuovo cammino di vita e spirituale, ho incontrato diverse difficoltà che facevano emergere i miei punti deboli, legati ai condizionamenti, alle paure di svariata natura e, in primis, a quella di non essere all'altezza!

Avevo molti dubbi sul mio percorso e su quello che avevo lasciato (io dico scherzosamente, nelle mie vite precedenti in questa stessa vita) mi facevano venire i sensi di colpa, che mi opprimevano...

Quando cambi la tua vita e segui ciò per cui sei chiamato, chi ti è vicino subisce tutto passivamente e di ciò me ne sono fatto carico. Ho fatto diversi percorsi dal 2009 anno, in cui ho avuto diciamo il mio 'risveglio', percorsi che mi hanno portato a

*conoscere diverse discipline e metodi ampliando la mia cono-
scenza e alcuni li ho sentiti parte integrante della mia Essenza, come un vestito ritagliato per me.*

*Ma tutta questa conoscenza non leniva i miei punti deboli, che
puntualmente affioravano, facendomi andare 'su e giù' come
sulle montagne russe.*

*Qualche anno fa, per caso, (sorrido perché il caso non esiste)
ho incontrato Patrizia in una fiera olistica in Toscana, a Ma-
rina di Pietrasanta. Per me è stato un incontro di grandissima
forza: con una sua breve lettura Angelica, mi ha conferito forza e coraggio, risentendomi dire dagli Esseri di Luce di avere
fiducia in quello che era il mio cammino e in quelle che erano
le mie potenzialità.*

*Dopo quel breve incontro con Patrizia, ho iniziato a seguirla
sui media. Recentemente, ho partecipato alla selezione dei 3
Giorni di Luce e, credetemi, senza aspettative!*
*Anzi, tra me e me pensavo: «Ma figuriamoci se gli Esseri di
Luce scelgono proprio a me!», invece è accaduto!*
Quando Patrizia mi chiamò e mi disse che ero rientrato tra le

tre persone selezionate, non ci credevo! Ho accettato senza esitare, senza chiedere costi e quant'altro. E, dopo pochi giorni, mi sono ritrovato a Malaga con grande gioia per questa nuova esperienza e, non ultimo, per riabbracciare la cara Patrizia.

Durante quei tre giorni, ho avuto il privilegio di conoscere la Divine Connection; sono stati giorni duri e intensi, ma di grande lavoro dentro di me e lo stesso valse anche per le mie compagne di viaggio.
Ho avuto modo di sciogliere in maniera veloce con la DC diversi disagi, paure, sensi di colpa e molto altro. A volte, rimanevo perplesso per la sua semplicità e la sua forza.

Per concludere, io attuo la DC anche per i miei trattamenti, qualunque essi siano, dal Reiki al Cranio Sacrale, o ai massaggi rituali ed altro. Gli stessi miei clienti abituali hanno avvertito la differenza. Ora la DC è una mia compagna di vita. È stata un'esperienza così forte e bella che ho deciso di partecipare anche al Divine Connection Live!

Grazie di cuore Patrizia, grazie ai Maestri di Luce.

Buona Divine Connection a tutti voi".

Angelino Cillara

Le applicazioni della Divine Connection sono davvero molte e potenti. Numerose di queste, tra cui una connessa all'abbondanza e ad altri temi, verranno trattate nei corsi dal vivo e nel prossimo libro che ho iniziato a scrivere, quando mi sono resa conto che questo stava diventando lungo come la Divina Commedia.

Se desideri entrare più nello specifico rispetto a ciò che ti può permettere il libro, visita il sito: www.divineconnection.one e verifica la disponibilità di date per i prossimi eventi Live e, se non sono disponibili, entra in lista di attesa.

7.4 Un dono magico dalla Fonte:
il DC Point (Divine Connection Point)

Il 20 agosto 2018, durante una diretta sul gruppo Facebook che ho tenuto dalle Dune di Maspalomas, a Gran Canaria, è arrivato qualcosa che ha reso il gruppo che pratica la Divine Connection ancora più forte e coeso.

Tutto è nato per alleggerire l'energia che, in Italia, in quel periodo, era diventata davvero pesante. Stavano accadendo molti fatti inconsueti e in molti se ne erano accorti. Siamo rimasti sorpresi dell'effetto potente di questo processo, che ha permesso ai singoli di sentirsi immediatamente centrati, protetti e di preservare la propria energia.

Alcuni si sono subito ricaricati e tutti hanno percepito l'energia cambiare nel luogo in cui vivevano.
Non so quanti e quali altri effetti si saranno verificati nel momento in cui leggerai questo libro. Ti invito a farne esperienza diretta.

Il processo è stato guidato dalla Fonte stessa e ti permette di creare uno spazio protetto per te, per tutte le persone che praticano la Divine Connection e che si connettono al DC Point (Divine Connection Point).

Quando poni l'intenzione di fare il DC Point si attiva un reticolo di segmenti energetici che protegge tutto il pianeta. La protezione reticolare si estende nell'aria, nel suolo e nelle acque, creando una protezione dall'energia disarmonica e dalle intenzioni negative.

Il DC Point ti permette di:

- essere centrato,

- creare uno spazio di distacco e di neutralità nell'osservazione delle situazioni e degli eventi che ti coinvolgono,

- preservare la tua energia e proteggerti energeticamente,

- creare protezione attorno a te, al gruppo e al pianeta,

- portare luce nelle situazioni disarmoniche,

- fare ritorno a uno stato di coscienza originario,

- entrare in contatto con te stesso e con tua Scintilla Divina,

- connetterti alle frequenze di pace, amore, purezza e gioia,

- aumentare la tua sensibilità e sensitività,

- prendere consapevolezza delle tue qualità e talenti,

- avere maggior fiducia in te stesso e nelle tue possibilità,

- percepire una sensazione di 'ritorno a casa',

- ricaricarti di energia e innalzare le tue vibrazioni,

- connetterti con le persone e migliorare le tue relazioni,

- connettere altre persone con questa energia di amore,

- ricevere delle risposte per alcune delle tue domande,
- aumentare il tuo livello di manifestazione nella tua vita,
- aumentare la fiducia nelle tue intuizioni,
- 'lanciare' intenzioni che si diffondono sulla Terra e verso tutti gli esseri viventi,
- chiedere aiuto al gruppo DC in astrale,
- meditare insieme ai bambini con facilità,
- entrare in uno stato di serenità e calma,
- migliorare il tuo sonno,
- connetterti al gruppo DC per sentirti supportato.

Questo elenco è frutto del vissuto delle persone iscritte al gruppo Divine Connection e vedo che, con il passare del tempo, le esperienze sono sempre più potenti e meravigliose.

Iscriviti al gruppo Facebook e raccontami la tua esperienza. Questo permetterà a me e al mio staff di aiutarti con ulteriori suggerimenti, e a te di portare il tuo contributo a chi potrà fruire della tua esperienza: http://bit.ly/gruppo-divine-connection

La connessione al DC Point serve a connetterti ad una 'pila' di energia che arriva della Fonte. Più persone si connetteranno al DC

Point, più il Campo sarà forte, potente ed efficace:

Quando ti connetti al DC Point, oltre che proteggere la tua energia, rendi più forte tutto il gruppo, così come ogni persona del gruppo protegge te.

Connessione al Divine Connection Point

- Chiudi gli occhi e fai un bel respiro profondo.

- Connettiti alla Fonte, lasciando che un raggio di luce penetri dalla tua sommità del tuo capo. Lascia che la luce riempia il tuo corpo.

- Porta attenzione alla tua scintilla Divina.

- Lascia che si connetta al DC Point principale.

- Lascia che dal DC Point parta un raggio di luce che attiva la tua protezione personale, una sfera di luce. Questo accade per te e per ogni singolo componete del gruppo.

- Lascia che si attivi la connessione e la protezione del gruppo.

- Lascia che si attivi il reticolo di segmenti di luce che proteggono e portano informazioni nel suolo, nel mare, nell'aria, fino ad arrivare a tutta l'atmosfera ed oltre.

Ripeti il tutto anche più volte al giorno, tutte le volte che ne senti il bisogno o hai il piacere di farlo.

Se desideri farlo all'unisono con il gruppo, l'appuntamento è alle 21 (fuso orario di Roma).

(Accedi all'AREA RISERVATA per scaricare l'audio gratuito).

Ti sarà anche molto utile connetterti al mattino appena sveglio, per ripristinare la protezione e lo stato ideale per iniziare la giornata. Se pratichi anche la Divine Connection puoi attivare il DC Point prima di entrare nel Divine State, o viceversa. Ti permetterà di mantenere lo stato più a lungo, oltre che connetterti con tutti coloro che stanno facendo pratica, al fine di ottenere un effetto ancora più forte.

Se scegli di far parte di questa esperienza e di questo gruppo in modo attivo, sentirai che, connettendoti al DC Point costantemente, ti sentirai al sicuro, come a casa, e sarai supportato dall'energia del gruppo, sempre più forte e numeroso.

Qualcosa di grande sta accadendo e più ti connetti a questo mondo, più potrai rendertene conto.

Nel DC Point puoi inserire concetti, che si diffondono in tutto il pianeta grazie al reticolo di segmenti di luce. È sufficiente inviare l'intenzione di inserire nel DC Point la risorsa o il concetto e tutto avverrà da sé, si diffonderà nel reticolo fino a raggiungere te, tutto e tutti. Funziona solo con le intenzioni legate all'amore, con ciò che è positivo e connesso al bene supremo.

Grazie al DC Point possiamo dare un grande significato alle parole: "Ama il prossimo tuo come te stesso"; difatti con il DC Point, quando lanci un'intenzione per te, il beneficio arriva a tutto il pianeta, quando la lanci pensando a qualcuno, arriva a te e a tutto il pianeta, e se la lanci al pianeta arriva a te e a tutti i suoi abitanti.

Abbiamo provato più volte l'esperienza con il gruppo. Un giorno l'abbiamo fatto con la purezza, l'abbiamo vista diffondersi nel cuore di tutti gli esseri umani e risvegliare la capacità di commuoversi, di essere grati e di emozionarsi.

Questa ispirazione, che mi è arrivata dall'alto, mi ha spinta a coinvolgere tutto il gruppo e si sono verificate cose meravigliose.

Puoi farlo anche tu con tutto ciò che di buono vuoi inserire nella tua vita. Sarà sufficiente inserire i concetti nel DC Point e si diffonderanno in tutto il pianeta e quindi anche in te, con il supporto energetico del gruppo e del pianeta stesso. Quest'ultimo, grazie alla tua intenzione, cambierà la sua vibrazione che influenzerà la tua.

La stessa cosa la puoi fare con le affermazioni.

Un'Anima del gruppo DC, Margherita, un bel giorno, ha lanciato l'idea di inserire nel DC Point gli articoli della "dichiarazione universale dei diritti umani".

Apportando le modifiche alle affermazioni che non riportavano una bella vibrazione, abbiamo inserito quelle che desideravamo si diffondessero in tutto il pianeta. La modalità è sempre la stessa.

All'interno del gruppo, c'è anche chi ha sperimentato un miglioramento immediato della sua condizione fisica in stati di malessere con l'utilizzo del DC Point.

Il DC Point sarà il tuo riferimento da cui attingere energia e supporto tutte le volte che ne sentirai la necessità. Il DC Point e la tua connessione aumenteranno d'intensità e potenza man mano che farai pratica. Anche tu puoi contribuire a rendere il DC Point sempre più forte ed efficace.

Connettiti quando ti svegli, alle 21 e tutte le volte che ne senti il bisogno. Ti farà sentire più forte e centrato tutto il giorno.
Una cosa che non ti ho ancora detto è che connetterti al DC Point ti permette, in un modo semplice e nello stesso tempo potente ed efficace, di dare il tuo contributo energetico per portare luce e nuova energia al mondo, per favorirne l'armonizzazione, il riequilibrio e la trasformazione.

Attraverso la connessione al DC Point, potrai portare beneficio energetico al pianeta, mentre lo fai su te stesso e sul gruppo: è un modo di "fare del bene a tutti, prendendoti cura di te stesso".
Non è magnifico?

Testimonianze dal gruppo Divine Connection sul DC Point

Laura Viglione
Il DC Point mi ha aiutato a prendere consapevolezza delle mie qualità, i miei talenti..... Mi ha aiutato ad avere fiducia in me stessa e ho imparato ad ascoltare il mio cuore. Inoltre ogni volta che mi connetto mi sento bene, sono a casa, mi sento al sicuro. Grazie!!

Margherita Bustaffa
esperienza quasi live, ho appena fatto esercizio delle due sedie
quando mi sono riseduta al mio posto mi sentivo carica dell'energia un po' pesantina dell'altro. mi son connessa al dc point in meno di un minuto ho ricevuto una completa pulizia di tutti i corpi, dei chakra dei meridiani, e di tutti i lacci energetici.
Pazzesco
magia?
questi son Miracoli mia cara
Patrizia Setteducati
sei una benedizione

Daniela Manchia
Io lo utilizzo spesso per innalzare le vibrazioni in situazioni in cui mi trovo a disagio e le situazioni si risolvono :-)
Mi sento più serena, con le vibrazioni più alte e molto più leggera ⅄

Fiorella D'Angelo
Spesso mi collego al DC POINT mentre viaggio in metro per andare al lavoro e cambia l atmosfera e la vibrazione di chi ho intorno spesso si smette di guardate il cellulare e si incontrano gli occhi gli uni degli altri è emozionante credetemi

Castagnetti Ester
Le esperienze sono molte, credo che quella più forte sia stata un giorno che ero alla guida ho cominciato a sentirmi male, non penso fosse un'attacco di panico perché avendone sofferto x anni li dovrei riconoscere... quindi mi sono affidata x come ho potuto, in quanto trovare la mia scintilla divina non era facile, poi mi sono affidata e ho chiesto al gruppo aiuto e nel giro di qualche secondo la paura mi ha abbandonato e poi nei minuti successivi anche fisicamente ho cominciato s stare meglio e li ho pensato che l'energia del dc point è veramente immensa

Barbara Fagnoli Harnam Prem
Ciao a tutti il gruppo! Quando mi connetto, ed è diventata una piacevole abitudine, sento arrivare frequenze di pace di calma e di amore, è bello sentire la connessione alla rete di luce che ci unisce tra noi e con gli esseri di Luce. Il cuore si espande e la fiducia cresce ogni giorno, succedono cose magiche...e mi sento benedetta all'interno di questa frequenza..grazie Patrizia Esseri di Luce ed a voi tutti!🙏

Giuliana Leone
voglio condividere l'esperienza che faccio con i miei alunni, infatti, durante le meditazioni giornaliere, ci connettiamo al DC POINT e con meraviglia in tanti vedono il reticolo dorato o arcobaleno che avvolge la terra.

Daniela Marino

Ho avuto esperienze di arricchimento Con le relazioni tra le persone... sia a livello lavorativo che personale ...e avere una connessione speciale,magica con estrema naturalezza è bellissimo.se tutto parte da dentro dal Dc point e tutto wow

Monica Guidi

Wauu 😍 sono ancora troppo estasiata dalla potenza della CONNESSIONE AL PUNTO DC, che per pigrizia, distrazione e quant'altro mi era sfuggita. Oggi giornata pesante così mi sono detta oggi è il giorno giusto. Sono commossa da quanta energia positiva mi sta arrivando. Profondamente grata per questo dono, e spero di aver mandato al gruppo tutta la mia energia e amore <3 . Ottima serata!

Stefania Querin

Buonasera a tutti, e a te Patrizia! Per me il dc point e' situato in un punto dell'orizzonte su mare. La sensazione che ho e' di pace e sicurezza. Sento che c'e' protezione personale e collegamento con l'universo tutto. Per vedere il reticolo mi devo comunque concentrare, mentre istintualmente percepisco uno scudo, una barriera azzurrognola che lentamente ricopre,come un mantello, e la avvolge in una luce particolare. Io mi sento piu protetta.. come se riuscissi a schermare e limitare le energie che per me non vanno bene..

Mara Mazza

Io sento grande potenza e protezione collegandomi al DC Point, grande amore.

👍 5

Patrizia Baima ▶ **Divine Connection**

giovedì alle 14:33 · 🌐

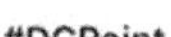

#DCPoint

Buongiorno **Patrizia** oggi voglio raccontare a te e al gruppo ciò che mi è successo stamattina.

Da quando sono tornata 4 giorni fa da Minorca, sono stata male, con mal di testa, raffreddore e poca energia il tutto sia di giorno che di notte.

Ho provato di tutto per stare meglio ma non era risolutivo.

Stamattina sfinita ho deciso di connettermi al dcpoint anche se il solo pensare di farlo mi costava fatica... E incredibilmente, in breve tempo, ho sentito l'energia riempirmi, il dolore alleviarsi e mi sono finalmente riaddormentata, svegliandomi in piena forma e libera da tutti i dolori!!

Grazie infinite 🙏 per questo regalo favoloso che tu e gli esseri di luce ci avete donato!! :-)

Daniela Manchia

1 settembre alle 18:48 · 🌐

Carissime anime ciao :-) Sono immersa nella gratitudine più profonda per voi, per gli esseri di luce e per **Patrizia** È un momento così magico :-) Oggi, durante e dopo la meditazione per accogliere il cambiamento, sentivo come un blocco al plesso solare, qualcosa di denso e fastidioso. Subito dopo ho fatto la connessione al DC point e sotto la calotta di protezione mi siete apparsi, belli e scintillanti, e mi avete confortata e avete messo dei bellissimi quarzi nel mio plesso solare. Il blocco si è sciolto, l'energia era altissima e sono stata pervasa da tanto amore e pace. Grazie, grazie infinite <3

Paola Ambrosi

Cara Patrizia, ti ringrazio infinitamente x queste meditazioni, mi sono sentita avvolgere da un energia d'amore fantastica che non saprei come descrivere. Che il Divino ti renda merito x tutto questo
Grazie x 3

Deborah Spina

Sono grata alla Vita per tutti i doni meravigliosi che mi ha fatto nel corso degli anni, e sono tanti. Sono grata all'Universo per avermi dato questa meravigliosa opportunita' di evolvere nella coscienza. Sono grata a Dio e agli Esseri di Luce per il loro Infinito Amore e la loro Infinita Grazia, Sono grata a Patrizia per esserci e per il suo essere cosi straordinaria nella sua presenza forte, gentile, amorevole e sicura come solo un vero maestro sa essere. E sono grata a questo meraviglioso gruppo che unito ha finalmente aperto le porte alla magia nella mia vita. Era un po' che bussava alla mia porta ma solo ora, anche grazie a tutti voi, ho trovato il coraggio di farla entrare. Grazie!!! Era questo tutto cio' che volevo, profondamente dentro di me, piu' di ogni altra cosa. Sono nata per questo. Grazie grazie grazie a tutti e a tutto per questo sogno che si avvera. ♥♥♥

2 h   Love   Rispondi

➔ <u>AREA RISERVATA DEL LIBRO</u> ⬅

trovi: Audiolibro e Contenuti Gratuiti

Per accedere, registrati a questo link:

➔ <u>http://bit.ly/risorse-libro</u>

I SEGRETI CHE HAI SCOPERTO NEL CAPITOLO 7:

- **SEGRETO n. 44:** Il beneficio secondario è quello che ricevi da qualcosa di negativo, che esiste nella tua vita e che ti fa provare sensazioni piacevoli.

  Trovalo e scioglilo, anche se ti fa sentire bene: è come una droga.

- **SEGRETO n. 45:** Spesso ciò che ti fa sentire bene a breve termine ti rovina la vita. Valuta ogni cosa e scelta che fai a breve, a medio e a lungo termine per comprendere cosa sta creando il tuo comportamento.

- **SEGRETO n. 46:** Chiediti spesso: "Che cosa farei se non avessi paura?"

- **SEGRETO n. 47:** Per arrivare a essere chi sei veramente ti devi prima liberare da ciò che non sei, devi creare il vuoto.

- **SEGRETO n. 48:** Il DC Point ti permette di fare tantissime cose, molte delle quali non sono ancora state scoperte.

  Sperimenta tu stesso ciò che trovi in elenco e scopri le nuove applicazioni e le infinite possibilità di questa pratica.

- **SEGRETO n. 49:** Con il DC Point, prendendoti cura di te stesso, porti beneficio a tutti gli esseri umani e a tutto il pianeta.

- **SEGRETO n. 50:** Puoi sperimentare la pace interiore e il silenzio della mente sia attraverso il Divine Connection Point che la Divine Connection. Questi sono Stati magici che ti portano a trasformare la tua esistenza, se ti permetti di sperimentarli regolarmente.

- **SEGRETO n. 51:** Molte cose che sembrano difficili o impossibili possono diventare semplici con la DC e il DC Point.

- **SEGRETO n. 52:** Molte persone stanno cambiando il loro sentire e la loro vita. Hanno scoperto il metodo DC e lo stanno utilizzando. Come ci stanno riuscendo loro, puoi riuscirci anche tu.

Capitolo 8

Un sogno più grande che può salvarti la vita

"Coloro che sono abbastanza folli da pensare di poter cambiare il mondo, lo cambiano davvero".

Mahatma Gandhi

"Ognuno di noi ha un paio di ali, ma solo chi sogna impara a volare".

Jim Morrison

8.1 Ma sei pazza a sognare così in grande?

Immagina un mare di persone che si incontrano tutte insieme, che si riuniscono come un tutt'uno creando una vibrazione talmente elevata da far venire i brividi…

Immagina ogni volta, in varie parti del Mondo 500, 1.000, 10.000, 100.000 persone che si incontrano ed entrano in Divine State tutte insieme, che creano un Campo talmente forte da portare luce in tutto il pianeta…

Ora che l'hai provato puoi immaginare di cosa stiamo parlando. Immagina che quest'energia di 'risveglio' e di consapevolezza si diffonda e vada a risvegliare una massa di persone sempre più grande, che magari nemmeno conoscono la Divine Connection… E più la massa di persone cresce, più le persone si risvegliano.

Sai cos'è un'epidemia? La DC ha il potenziale di creare un'epidemia di risveglio in tutto il pianeta, affinché tu, i tuoi figli e tutte le persone che ami possiate vivere in un mondo libero, migliore di quello che tu possa aver conosciuto sino ad ora e che tu possa immaginare.

"Se puoi sognarlo puoi farlo!"

Walt Disney

Immagina: più persone saremo, più il Campo DC diventerà forte. Il Campo era già molto forte quando lavoravo da sola con la DC e, da quando ho iniziato a diffondere il metodo, è aumentato tantissimo. Ogni volta che ti connetti, hai il Campo che ti sostiene e che, diventando sempre più forte, ti permette di ottenere risultati sempre più grandi.

Più aumentano le persone che usano la DC, più la potenza del Campo aumenta e più questa aumenta, più diventano grandi i benefici che ricevi, sia quando lavori tu che quando altre persone usano la DC. Man a mano che utilizzeremo la DC, connettersi al Divine State diventerà sempre più immediato, fino a divenire un processo spontaneo.

Riesci ad immaginare cosa accadrà quando saremo 100.000? E quando saremo uno o svariati milioni? Hai idea di cosa possiamo creare?

Forse stai pensando che sia un sogno troppo ambizioso, troppo grande e difficile da realizzare... Si, lo è!

> *"La struttura alare del calabrone, in relazione al suo peso, non è adatta al volo, ma lui non lo sa e vola lo stesso".*
>
> **Albert Einstein**

Che senso ha sognare in piccolo?

Sai che sognare in grande o in piccolo richiede la stessa energia? Così come richiede la stessa energia realizzare un sogno piccolo o uno grande, ma realizzarne uno grande è più motivante e produce energia, piuttosto che consumarla… Quindi tanto vale!

Per quale motivo noi siamo qui sulla Terra, se non per cercare di essere il massimo che possiamo essere e per realizzare i sogni più grandi e magici che possiamo arrivare a sognare?
Certo è un sogno che da sola forse sarà impossibile o forse solo difficile da realizzare.

Ma se tu:

- fai la tua parte e continui a ripulire, ripulire, ripulire tutto e a connetterti al Divine State godendotela davvero,
- smetti di vivere nel vuoto esistenziale, nel dolore e nella paura e ti apri alla tua vera Essenza, permettendoti di essere felice,
- arrivi a sentirti talmente bene da voler contagiare altre persone con la tua felicità, con la tua realizzazione e le coinvolgi con il tuo entusiasmo nel fare la tua stessa esperienza…

…tutto questo lo faremo insieme!

Tu non sei qui per sognare in piccolo, per curare il tuo piccolo orticello o per sentirti meschino e al sicuro vivendo una vita che è stata precostruita per te…

Tu sei qui per vivere la vita alla grande e per portare la magia del tuo contributo su questo pianeta. Magari la Divine Connection potrebbe essere il mezzo per la realizzazione dei tuoi sogni.

Pensaci…

Ritrovare se stessi…

"Ho 60 anni e la mia vita è stata piena di sofferenze, insoddisfazioni, blocchi, paure e rimpianti. Se mi guardavo intorno, mi sentivo anche ingrata, perché tutto sommato non mi mancava nulla.

Una fortuna sicuramente l'ho sempre avuta, la tenacia di non arrendermi a questa infelicità, per cui, fin da giovane, ho perseguito varie strade: dalla psicoterapia, alla pratica buddista, a sedute medianiche, alle carte, al Reiki, alle rune, alle meditazioni, alle costellazioni familiari, alle regressioni alle vite precedenti, ecc.

Ho un cassetto pieno di attestati. Tutto è stato utile, tutto mi ha insegnato qualcosa, ma con tanta fatica.

Ho conosciuto Patrizia Setteducati qualche anno fa e, leg-

gendo il suo libro, mi ci ritrovavo molto.

Ho cominciato a seguire i suoi video, le sue meditazioni, poi ho fatto una sessione individuale.

Ma veniamo a tempi più recenti: seguo Patrizia su Facebook, seguo le dirette e a giugno 2018 nasce il gruppo Divine Connection, un gruppo anomalo perché trovi solo supporto, incoraggiamento, armonia, amore; poi arriva il Divine Connection Point e ogni volta rimango meravigliata per le sue applicazioni e per i suoi benefici.

Con il lavoro che faccio sul gruppo esce di tutto, ma non mollo, perché ci sono sia Patrizia che il gruppo a sostenermi.

Quando viene proposto l'incontro Divine Connection Live, non ho dubbi. Quindici giorni prima dell'evento, mi accorgo di una sorta di silenzio interiore, nessuna emozione, né negativa né positiva e per me è strano; l'accolgo, senza aspettative, senza domande. Mi sento emozionata: man mano che passano i giorni, questa neutralità mi appare come un quaderno bianco, pronto per essere scritto.

L'unico desiderio per questo evento è: voglio amarmi e poter essere amata come merito.

L'incontro live ha un'energia incredibile, il primo Divine Connection Point insieme porta delle vibrazioni magiche.

Patrizia ci insegna il processo Divine Connection e ci fa sperimentare il Divine State e come è facile e veloce ripulire tutto quello che ci fa soffrire e ci blocca.

Essendo in quello 'stato di neutralità', accolgo, sperimento e i risultati sono entusiasmanti: sono passati 40 giorni e la mia vita è cambiata e sta cambiando giorno dopo giorno. Quasi tutti i giorni lavoro con la DC e pulisco, pulisco, pulisco. Cosa ho lasciato andare?

Un elenco di convinzioni negative che mi limitavano: credere di non meritare e non valere per me e per gli altri, il bisogno di controllo, la paura di non farcela economicamente, il rifiuto, l'abbandono, la paura di non piacere, non piacere a me stessa, la paura dei cambiamenti, pensare di non meritare di ricevere e di essere amata, sentirmi imprigionata in questa vita, l'assenza di libertà, non poter esprimere me stessa, la paura di deludere gli altri (trasformata finalmente in libertà), la rabbia, la ribellione, la frustrazione, la sconfit-

ta e la paura della morte, la paura di essere sola, di non farcela a vivere, non fare per non sbagliare, fare la vittima, non prendere in mano la mia vita, la paura del giudizio e l'auto-giudizio, vedere il mio corpo come un nemico che mi ha sempre procurato sofferenza.

Questi punti partivano tutti da valori iniziali molto alti, ora solo due sono a 1 e a 2 e ci lavorerò per portarli a 0. Che dire?

Sento di aver ricevuto un regalo meraviglioso, sento di meritarmelo e provo quasi ventiquattr'ore al giorno gratitudine; quando accade qualcosa, che prima mi avrebbe cambiato l'umore, ci rido sopra, se sbaglio qualcosa, mi prendo un po' in giro e non mi giudico più, sono molto più sensibile a quello che vedo e che sento.

Mi accorgo che noto di più le cose belle, mentre le brutte mi scivolano addosso; ho finalmente accettato che non tutti vogliono cambiare, quindi non mi sento più sconfitta se non lo fanno, sto imparando che il mio tempo è veramente prezioso, quindi lo utilizzo molto meglio di prima.

Quando mi accorgo che sto entrando in qualche vecchio

meccanismo, mi fermo, mi riconnetto e torno in Divine State, che non è vivere fuori dal mondo, ma essere il Mondo, senza farsi più trascinare, guidando la mia vita nella direzione che voglio, non so ancora bene dove e come, ma so che presto lo saprò.
Grazie Patrizia".
Ester Castagnetti

8.2 Se ti serve un po' di sicurezza: ecco le prove scientifiche

È stato provato in alcuni esperimenti scientifici come la meditazione abbia una forte influenza, non solo su chi la pratica, ma anche nell'ambiente circostante. Nell'esperimento fatto nella guerra tra Israele e Libano agli inizi degli anni 80' alcune persone capaci di provare pace nel corpo e nella mente sono state fatte trasferire nelle zone calde di guerra.

I risultati sono stati potentissimi: morti, feriti e livello del conflitto diminuiti tra il 48 ed il 76% e l'esperimento è stato ripetuto ben sette volte.

Un esperimento simile è stato fatto nel 1993 a Washington, dove 4.000 persone, meditando regolarmente, hanno favorito la diminuzione della criminalità del 25% per poi tornare alla normalità alla fine dell'esperimento. Questo effetto è chiamato Effetto Maharishi.

Pare che il numero minimo sufficiente per attivare un cambiamento di coscienza a livello planetario sia la radice quadrata dell'1% della popolazione mondiale che, nel 2018, corrispondeva a 8.700 persone circa.

Certo, questo è il numero minimo… Inoltre parliamo di meditazione… la Divine Connection è molto più forte di qualsiasi meditazione che, sia io che tutte le persone con cui mi sono confrontata, abbiamo mai provato.

Ora che sai che non è poi così difficile, prova ad immaginare se 10.000 persone e poi 100.000 non solo meditassero, ma fossero tutte contemporaneamente in Divine State e provassero ciò che hai sperimentato tu (se hai praticato la DC e il DC Point) elevato all'ennesima potenza.

Hai idea di cosa può succedere quando tante persone si riuniscono con lo stesso intento, tutte insieme? Cosa pensi accadrebbe?

E se questo accadesse successivamente in più parti nel mondo? Come sarebbe se tempestassimo il pianeta di energia connessa all'amore e all'unione e tutti cominciassero a sentirsi parte di un tutt'uno, non percependo più l'altro come un nemico da cui difendersi, da giudicare, su cui prevaricare, con il quale competere? Puoi vederlo, sentirlo o percepirlo ora?

"Noi stiamo creando una società libera dalla sofferenza, da stress e da tensioni e allora tutti gioiranno veramente del dono di Dio su questa terra, di questa bellissima natura!".

Maharishi Mahesh Yogi

Non sarebbe straordinario se tu ti permettessi tutto questo?
Intanto che rifletti su quanto hai letto, immagina migliaia di persone che manifestano il loro Divino e risplendono senza limiti, vivendo la loro vita terrena, compiendo azioni e scelte guidate da quella saggezza, consapevoli di quello che sono, illuminando il Mondo…

Hai idea di che impatto potrebbe avere tutto questo sul pianeta?

Hai idea di che impatto potrebbe avere tutto questo sulla tua vita se tu fossi una di queste persone?

Hai idea di quale impatto potrebbe avere tutto questo sulla tua evoluzione per questa vita e per quelle future?

Tutto questo può diventare contagioso e possiamo farlo insieme, se tu sceglierai di far parte di questa magia!

Come ti sentiresti al pensiero di dare il tuo contributo alla realizzazione di tutto questo ed essere una delle persone che lo ha permesso? Che significato assumerebbe la tua vita?

Come ti sentiresti se, grazie anche a te, migliaia e migliaia di persone potessero risvegliarsi e diffondere questa nuova energia? Se non fossero più schiave della paura e si sentissero libere, se nessuno avesse più desiderio né bisogno di dominare, di schiacciare gli altri e di depredare?

Se tutte queste persone si sentissero unite in un tutt'uno, riprogettando questo mondo secondo parametri d'amore, di rispetto e di condivisione?

Non sarebbe meraviglioso se tutto questo accadesse?

Quanto potresti sentirti bene vivendo in questo nuovo mondo e sapendo di aver contribuito alla sua trasformazione?

Immagina come sarebbe la tua vita, quella dei tuoi cari e quella dei tuoi figli…

"Tutto ciò che è popolare è sbagliato".

Oscar Wilde

"Ogni 'se fosse' è una creazione divina".

Sir John Eccles

"L'uomo ragionevole si adatta al mondo. L'uomo irragionevole cerca di adattare il mondo a se stesso. Perciò il progresso è opera di uomini irragionevoli".

George Bernard Shaw

Io ho fatto la mia scelta… E tu?

8.3 Anche tu sai che è possibile…

"Credi nei tuoi sogni, loro crederanno in te"

Soichiro Honda

Anche tu lo senti in fondo al cuore, l'hai magari sempre sperato, anche se ti è stato fatto credere che fosse impossibile e che le cose possono solo andare 'così'… sai che tutto questo può succedere.

Tu hai quella scintilla, che è sempre rimasta accesa, magari un po' addormentata o stropicciata, ma accesa, che sa che ciò che ti sto dicendo è vero è possibile e dipende solo da noi… da te!

Sei l'unica persona da cui puoi partire per ispirare le persone attorno a te…

Come sarebbe se tu dicessi a te stesso: "Comincio da me!"?

Meditazione: Anche tu puoi cambiare il Mondo dentro e intorno a te!

Chiudi gli occhi e fai un bel respiro profondo, rilassati…

Anche tu puoi cambiare il mondo…

Immagina di essere in una situazione, molto più bella di quella che tu hai mai osato immaginare, di trovarti in una circostanza in cui ti senti realizzato e ti senti bene, hai sciolto i tuoi blocchi e ti senti libero.

Tutti quei pensieri negativi, sono solo un lontano ricordo, come quelle sensazioni che percepivi che ti facevano sentire così male, preoccupato e spaventato... Semplicemente non ci sono più, non ti appartengono più, non fanno più parte del tuo presente; sembra quasi che tu sia un'altra persona, mentre invece sei solo te stesso, nella tua versione più sublime e Divina.

Quella versione di te che era nascosta dalla paura, che ormai si è dissolta per sempre... semplicemente non c'è più, rimane un vago e lontano ricordo, al quale sorridi con infinita tenerezza.

Tu sei ora una persona nuova, in linea con te stesso e con le tue aspirazioni, ti permetti di realizzare ciò che mai avresti immaginato e provi gioia e gratitudine ogni giorno della tua vita.
Tu ora vivi veramente e pienamente, sei protagonista della tua esistenza, hai conquistato il tuo posto nel mondo e sei in pace...

Non senti più quel vuoto esistenziale, ma solo pienezza e gioia, ami te stesso e la vita e sei aperto e flessibile, pronto a ricevere gli stimoli e i doni che la vita vorrà regalarti sul tuo cammino. Hai trovato il tuo posto nel mondo e sei grato di essere qui.

Sei l'immagine della felicità e un esempio per le persone che ti circondano.

Hai scelto di essere l'esempio che dimostra che il cambiamento è possibile e stai ispirando anche gli altri. Hai scelto di portare trasformazione, di contribuire per cambiare questo mondo in un posto migliore…

Hai permesso che la Divine Connection ti cambiasse la vita continuando a praticarla, magari hai partecipato agli eventi dal vivo e magari in qualche modo e a qualche livello fai parte del progetto, o ci credi talmente tanto da voler diffondere il metodo.

Magari semplicemente lo usi su di te con risultati esorbitanti che portano le persone che ti circondano e il mondo a vibrare più forte, grazie anche al tuo contributo.

Sei una stella che ha scelto di brillare tutta la sua luce senza ritegno per portare anche altri esseri, sentendosi da te ispirati, a fare lo stesso.

Tu sei un faro che illumina a giorno la notte più buia perché hai scelto di essere chi davvero sei: un Essere Divino.

Respira la tua Divinità, sentila in te… Goditela!

Fai un respiro profondo e, rimanendo in quello stato e in quella consapevolezza, torna nel qui ed ora.

Sai che tutto questo non solo è possibile, ma ti stai già muovendo per realizzarlo.

Ora, apri i tuoi occhi e muovi i tuoi passi in quella direzione. Inizia da subito, non perdere un solo istante.

Puoi progettare quali passi fare, sia a breve che a medio e a lungo termine, perché tutto questo diventi realtà.

(Accedi all'AREA RISERVATA per scaricare l'audio gratuito).

"L'uso migliore della vita è di spenderla per qualcosa che duri più della vita stessa".

William James

Se vuoi che questa magica energia si diffonda e contagi il mondo, inizia da te!

➜ **<u>AREA RISERVATA DEL LIBRO</u>** ←

trovi: Audiolibro e Contenuti Gratuiti

Per accedere, registrati a questo link:

➜ **<u>http://bit.ly/risorse-libro</u>**

I SEGRETI CHE HAI SCOPERTO NEL CAPITOLO 8:

- **SEGRETO n. 53:** Esistono le prove scientifiche che, trasformando la tua vita, influenzi non solo il mondo circostante, ma tutto il pianeta.

- **SEGRETO n. 54:** Per cambiare la tua vita parti da te. Con la DC tutto diventa facile e veloce.

- **SEGRETO n. 55:** Usa ciò che hai imparato in questo libro, è tutto molto semplice. Per farlo funzionare devi utilizzarlo più spesso che puoi.

- **SEGRETO n. 56:** Splendi e sii (come diceva Gandhi) il cambiamento che vuoi vedere nel mondo; in questo modo potrai ispirare gli altri. Non pretendere che le persone cambino, perché tu stesso non sei ancora riuscito ad essere quella luce che sei veramente e riversi inconsciamente sugli altri la tua frustrazione.

- **SEGRETO n. 57:** Se vuoi davvero riuscirci, hai tutti i mezzi per farlo. Se vuoi approfondire, ci sono molte possibilità per permettere alla tua Anima di emergere e a te di realizzare la vita più magica che tu possa arrivare ad immaginare.

Seguimi sui social e sul mio sito per rimanere aggiornato e per ricevere aiuto e supporto.

Contenuti extra
per fare molti passi in più...

Un esercizio che hai già fatto, da rifare con occhi nuovi.

Ora che hai lavorato un po' su di te, ripeti questo esercizio. Forse sei già entrato tante volte nel Divine State e magari hai già fatto alcuni cambiamenti nella tua vita. Puoi usare questo esercizio come un feedback in merito a ciò che stai facendo, scegliendo, e soprattutto a chi ti stai permettendo di essere.

Ti sarà molto utile per cogliere i risultati che ti portano i passi che compi e continuare a migliorare la tua rotta. Ricordati che per poter cambiare o migliorare devi avvicinarti alla versione migliore di te stesso, la tua parte Divina.

Se hai bisogno d'ispirazione, cerca, attraverso gli stimoli che la vita ti pone davanti, attraverso le persone che ammiri, attraverso le persone che ritieni di esempio per ciò che sono, che esprimono e che riescono a realizzare, quelle che ti fanno pensare: "Anche io vorrei essere così!".

Migliorare sull'Essere ti porta ad agire sentendoti congruente con la tua Anima. Otterrai così risultati che ti faranno sentire più felicità e appagamento.

Esercizio dell'ultimo Giorno, versione positiva:

- Chiudi gli occhi e fai un bel respiro profondo, rilassati…

- Ora appare un tunnel di luce proprio davanti a te.

- Conta da 1 a 5. Al 5 giungerai all'ultimo giorno di vita sulla Terra.

- 1, 2, 3, 4, 5!

- Eccoti lì, dove ti trovi? Sei solo o in compagnia? Come stai fisicamente? Come ti senti emozionalmente? Se ripercorri la tua vita, cosa hai realizzato? Quali scelte, ti hanno portato ad essere felice e soddisfatto? Quali scelte ti sei permesso di fare che prima di conoscere la Divine Connection non ti saresti concesso?

Come questo ti ha portato a vivere? Cosa hai potuto fare, creare e decidere che ti ha fatto ottenere questo risultato? Cosa ti sei concesso di realizzare, di manifestare e di essere? Cosa riesci a vedere realizzato? Quali scelte ti hanno permesso di realizzare tutto ciò che hai costruito?

- Ora, attraversa nuovamente il tunnel di luce contando alla rovescia da 5 a 1. All'1 ti troverai nel presente.
- 5, 4, 3, 2, 1!
- Ora, fai un bel respiro e apri i tuoi occhi.

(Accedi all'AREA RISERVATA per scaricare l'audio gratuito).

Meglio della prima volta vero?

Questo solo dopo aver letto il libro ed eseguito qualche esercizio. Sei tu che lo hai permesso!

Man mano che procederai con la Divine Connection, questo esercizio sarà sempre più piacevole e ti aiuterà a sentirti in pace. Tieni conto che la paura della morte, per la maggior parte delle persone, è connessa al non essersi realizzati in questa esistenza, quindi, anche il tuo rapporto con la morte, e di conseguenza con la vita, cambierà.

Si evolverà grazie a ciò che ti permetterai di realizzare, grazie al tuo rapporto con il Divino con cui sei entrato in contatto, al rapporto con te stesso e con la verità che hai sperimentato con la Divine Connection.

Riprova ora a farlo così:

La Magia della tua nuova vita

Chiudi gli occhi e fai un bel respiro profondo, rilassati…

Immagina di essere in una situazione, molto più bella di quella che tu hai mai osato immaginare, di trovarti in una circostanza in cui sei realizzato e ti senti bene, hai sciolto i tuoi blocchi e ti senti libero.

Tutti quei pensieri, quei blocchi e quei limiti che ti imponevi nella vita sono solo un lontano ricordo, come quelle sensazioni che provavi e che ti facevano sentire così male, preoccupato e spaventato... Semplicemente non ci sono più, non ti appartengono più, non fanno più parte del tuo presente.

Sembra quasi che tu sia un'altra persona, mentre invece sei solo te stesso, nella tua versione più sublime e Divina, quella versione di te che era nascosta dalla paura che oramai si è sciolta... Semplicemente non c'è più, ne resta solo un vago e lontano ricordo, al quale sorridi con infinita tenerezza.

Tu sei ora una persona nuova, in linea con te stesso e con le tue aspirazioni, ti permetti di realizzare ciò che mai avresti immaginato di poter concretizzare e provi gioia e gratitudine ogni giorno della tua vita. Tu ora vivi veramente e pienamente, sei protagonista della tua esistenza, hai conquistato il tuo posto nel mondo e sei in pace.

Sì, non senti più quel vuoto esistenziale, ma solo pienezza e gioia, ami te stesso e la vita, sei aperto e flessibile, pronto a ricevere gli stimoli e i doni che la vita vorrà regalarti lungo il tuo cammino.

Hai trovato il tuo posto nel mondo e sei grato di essere qui.

Sei l'immagine della felicità e un esempio per le persone che ti circondano. Hai scelto di essere l'esempio che dimostra che il cambiamento è possibile e stai ispirando anche gli altri. Hai scelto di portare trasformazione, di contribuire per cambiare questo mondo in un luogo migliore...

Hai permesso che la Divine Connection ti cambiasse la vita continuando a praticarla.

Magari hai partecipato agli eventi dal vivo, hai trovato nuovi amici con cui condividere il tuo percorso e ora non sei più da solo, hai dei complici, e magari in qualche modo e a qualche livello fai parte del progetto, o ci credi talmente tanto da voler diffondere il metodo.

Magari semplicemente lo usi su te stesso con risultati esorbitanti, che portano le persone che ti circondano e il mondo a vibrare più forte, grazie anche al tuo contributo.

Sei una stella che ha scelto di brillare tutta la sua luce senza ritegno per portare anche altri esseri, sentendosi da te ispirati, a fare lo stesso.

Tu sei un faro che illumina a giorno la notte più buia perché hai scelto di essere chi davvero sei: un Essere Divino. Questa è la tua scelta di vita…

- Ora appare un tunnel di luce appare proprio davanti a te.
- Ora, conta da 1 a 5. Al 5 giungerai all'ultimo giorno di vita sulla Terra.
- 1, 2, 3, 4, 5!
- Eccoti lì, dove ti trovi? Sei solo o in compagnia? Come stai fisicamente? Come ti senti emozionalmente? Se ripercorri la tua vita a ritroso, cosa hai

realizzato?

Quali scelte, ti hanno portato ad essere felice e soddisfatto? Quali scelte ti sei permesso di fare che prima di conoscere la Divine Connection non ti saresti concesso?

Come questo ti ha portato a vivere? Cosa hai potuto fare, creare e decidere che ti ha fatto ottenere questo risultato? Cosa ti sei concesso di realizzare, di manifestare e di essere? Cosa riesci a vedere realizzato? Quali scelte ti hanno permesso di realizzare tutto ciò che hai costruito?

- Ora, attraversa nuovamente il tunnel di luce contando alla rovescia da 5 a 1. All'1 ti troverai nel presente.
- 5, 4, 3, 2, 1!
- Ora, fai un bel respiro e apri i tuoi occhi.

(Accedi all'AREA RISERVATA per scaricare l'audio gratuito).

Questa volta ancora meglio, vero?

Quindi la scelta è tua, non posso e non voglio decidere per te, è giusto che tu scelga e che ti possa prendere tutto il merito per la meravigliosa vita che sceglierai di creare, manifestare, e realizzare, per te e per gli altri.

Nel momento in cui sai che il cambiamento dallo stato di vuoto interiore e d'inquietudine a quello di pace e d'armonia è possibile e l'hai sperimentato, non puoi più tornare indietro. Ormai hai scoperto che questo si può fare e la scelta se proseguire e farlo davvero o scappare dalla possibilità più importante della tua vita è tua responsabilità.

Tu cosa scegli?
Vuoi compiere questo miracolo o rimanere tale e quale?
Sei pronto ad aprirti alla magia della vita o vuoi continuare a vivere al di sotto delle tue possibilità?

Ora è già cambiato qualcosa, ora sai qualcosa di cui eri all'oscuro e mai più sarà come prima, ora hai fatto l'esperienza e sai che il cambiamento è possibile e facile, non puoi più mentire a te stesso. Se questo libro è capitato tra le tue mani, non è un caso: doveva arrivare nella tua vita. L'Universo ha risposto ad una tua richiesta:

tu chiedi e l'Universo, attraverso vari mezzi, risponde…

Sta a te fuggire e condannarti all'infelicità o cogliere al volo l'opportunità.

Ascoltarti e vivere chi sei non è un traguardo, è una bellissima scoperta che dura una vita, anche perché sei un essere in continua crescita ed evoluzione alla scoperta di te stesso…

Quindi, cosa aspetti?

Conclusione
Come puoi andare oltre?

Questo è stato un vero e proprio viaggio! Cosa hai imparato in questo cammino?

Hai imparato che:

- Il cambiamento è possibile e dipende da te: sei il creatore della tua vita, dei tuoi successi e dei tuoi insuccessi e se la vita non va come vorresti, puoi sempre cambiare le cose.

- Se scegli il ruolo di vittima, allo stesso tempo, scegli di essere il carnefice della tua esistenza e del tuo successo. Non farlo ☺!

- Connetterti al Divino può davvero cambiarti la vita, nessuno può cambiarla per te, il lavoro devi farlo proprio tu.

- Altri ce l'hanno fatta, ce la puoi fare anche tu.

- La Divine Connection è facile e non si tratta di 'fuffa spirituale' ma di qualcosa di molto pratico.

- Spesso l'essere umano tende a sabotarsi e a crearsi delle scuse per non cambiare.

- Il motivo per cui è difficile rimuovere alcune paure e alcuni blocchi è perché esistono benefici secondari che ti offrono sensazioni piacevoli a cui non vuoi rinunciare. Scioglili!

- Nell'ascoltare le emozioni, anche quelle che ti facevano paura, non c'è nulla da temere.

- La sofferenza, la paura e il dolore sono illusioni che, se usi la Divine Connection, si dissolvono come neve al sole.

- Per migliorare, prima hai bisogno di ascoltarti e di sentirti per renderti conto del punto in cui ti trovi.

- Tu scegli sempre, anche quando scegli di non scegliere.

- Ci sono solo due stati: 'attaccato' o 'staccato' dalla rete universale di cui fai parte. Essi corrispondono ad Amore e Paura, i due soli stati che puoi sperimentare.

- La ricetta della felicità: quando esci dallo stato di Amore ed entri nello stato di Paura, ti basta tornare nello stato di Amore con la DC.

- l'Ego ti blocca, ma la sua intenzione è quella di proteggerti. Purtroppo lo fa sabotandoti.

- Ascoltare la saggezza del cuore ti conduce a fare le scelte migliori per te e per il tuo bene supremo (trovi un esercizio specifico nell'area riservata).

- Ciò che ti da beneficio a breve termine e non a medio e a lungo termine, in genere, tende a rovinarti la vita.

- La cosa più importante è la tua esperienza, niente può sostituirla.

- Tutto ciò che accade arriva nella tua vita per permetterti di crescere e per mostrarti le tue aree di miglioramento. La vita è saggia, anche se spesso non la comprendi.

- La Divine Connection ti aiuta a sciogliere le emozioni negative in modo da liberarti per sempre da ciò che ti ha impedito di manifestare una vita meravigliosa.

- Connetterti alla Fonte ed entrare nel Divine State ti porta a sperimentare pace, gioia, gratitudine, ad entrare nel tuo potere e prendere contatto con la tua scintilla Divina.

- Per lavorare su di te non ti devi isolare: hai bisogno di specchi che ti mostrino le tue ombre.

- Connettendoti con il DC Point, puoi ricaricarti di energia, innalzare la tua vibrazione e lanciare intenzioni potenti per te e per l'intero pianeta.

- Puoi contribuire a qualcosa di grande, che può portare un cambiamento del mondo già solo lavorando su te stesso.

- Per controllare dove sta andando la tua vita, ti è utile controllare come le scelte fatte nella tua vita ti faranno sentire nel giorno della verità, l'ultimo. Se ciò che vedi non ti piace, cambia ciò che ti allontana dal risultato che desideri.

- Puoi lasciare andare tutto ciò che non sei con il metodo White Board. Devi sciogliere tutto, sia ciò che è negativo che il positivo, ogni etichetta è un limite. Quando hai sciolto tutto, sei libero di scegliere, senza dare più niente per scontato.

- Non sei solo a percorrere questo cammino di crescita, hai un gruppo di supporto che tifa per te e per il tuo successo.

- Se vuoi, puoi essere felice proprio ora, perché la felicità è uno stato dell'Essere, che con la DC puoi raggiungere in pochi minuti.

Veramente un mare di spunti potenti per cambiare la tua vita!

Ti ho dato il massimo che potevo trasmetterti con un libro e, non contenta, ho inserito dei contenuti esterni per rendere tutto ancora più completo e il tuo cammino più facile, veloce e piacevole.

Intanto ti ringrazio per aver fatto questo viaggio con me e per aver dedicato il tempo necessario alla lettura del libro e al tuo benessere.

Sono immensamente felice che tu ti sia fatto questo regalo e lo sarò ancora di più se vorrai condividere con me le tue esperienze in merito ai rilasci, a come ti senti, a cosa provi ad entrare nello Stato Divino e i tuoi risultati!

Sarà un piacere conoscere la tua esperienza e comprendere quali sono gli effetti su di te.
Questo mi permette di aiutarti ancora di più e comprendere come stai vivendo il tuo cammino e quali contenuti sono importanti da trattare e da inserire nel prossimo libro, per aiutarti ancora meglio.

Potresti anche diventare un esempio per agli altri ed ispirarli con la tua storia, così come hanno fatto le persone di cui hai letto nel libro. Se questo ti fa' piacere, scrivimelo apertamente quando mi scriverai della tua esperienza!

Il mio sogno è che tutti un giorno possano essere connessi allo Stato Divino e che il mondo in cui vivi e in cui vivranno i tuoi cari e i tuoi figli sarà migliore. Magari è anche un po' il tuo sogno…

Ora, è importante che tu sappia come proseguire, perché la strada che hai percorso sino ad ora è solo il primo bellissimo ed emozionante passo del cammino che ti porterà sempre più vicino alla piena realizzazione della vita migliore che tu possa realizzare.

1. Usa ciò che hai imparato in questo libro, è tutto molto semplice ed efficace.

2. Splendi e sii (come diceva Gandhi) il cambiamento che vuoi vedere nel mondo; in questo modo, potrai ispirare gli altri. Non pretendere che le persone cambino, perché tu stesso non sei ancora riuscito ad essere quella luce che sei e riversi inconsciamente sugli altri la tua frustrazione.

Se hai già avuto un miglioramento nella tua vita o pensi che quanto trasmetto possa essere utile o ci sono persone con le quali desideri condividere la tua crescita, diffondi il verbo ☺ Condividi liberamente i miei post e i video che trovi on-line.

Potrai far conoscere alle persone le soluzioni che hanno portato beneficio nella tua vita ed espandere l'ondata di risveglio.

3. Seguimi sui social.

4. Trova un compagno di viaggio che abbia letto il libro con cui esercitarti e, se attorno a te non c'è nessuno, regalalo a qualcuno con cui potrai iniziare insieme un cammino che renderà ancora più bella la vostra amicizia. Puoi anche pensare di creare un micro gruppo nella tua zona e per i dubbi fai sempre riferimento al gruppo Divine Connection su Facebook.

5. Se questo libro ti è piaciuto, ti è stato utile e ha arricchito la tua vita… fai una cosa molto semplice: consiglialo, presta la tua copia, suggerisci di leggerlo oppure regalalo.
Quale miglior regalo puoi fare a qualcuno, se non aiutarlo a creare una vita meravigliosa?

6. Se sei arrivato sino a qui, vuol dire che quello che hai letto ti ha risuonato, ti ha toccato nel profondo e quindi sei pronto a trasformare la tua vita.

Se ciò che abbiamo fatto insieme ti è stato utile e ti è piaciuto, sarò contenta di conoscerti dal vivo al prossimo evento, Divine Connection Live, nel quale accadono vere e proprie magie: l'energia che si tocca è altissima e il livello di trasformazione è qualcosa che non posso nemmeno descriverti… Puoi solo farne esperienza.

Potrai entrare ancora di più in questo mondo, imparare quello che non mi è possibile trasmetterti con un libro, sentire e vivere l'energia trasformativa del gruppo, scoprire le ultime rivelazioni che mi hanno trasmesso gli Esseri di Luce e andare oltre. Potrai fare i prossimi passi che ti permetteranno di lavorare in modo sempre più efficace per ottenere risultati concreti trasformando ancora più velocemente la tua vita in un'esperienza meravigliosa.

Visita il sito: www.divineconnection.one

e verifica la disponibilità di date per i prossimi eventi Live. Se non ci sono date disponibili entra in lista di attesa.

Ora hai conosciuto la magia della Divine Connection e, se ti sei permesso di fare gli esercizi, hai potuto constatare quanto sia potente e quanto siano veloci i cambiamenti che possono avvenire nella tua vita.

Non si tratta del solito metodo che ti permette di fare un pezzetto di strada, ma di risolvere davvero la tua vita e di trasformare la realtà circostante.

Spero che tu sia pronto per tutto questo e che decida di concedertelo, perché, che tu creda o no nella reincarnazione, il momento in cui puoi fare le tue scelte è proprio questo, il presente!

Ricorda che ogni scelta che fai ha il potere di trasformare la tua vita e magari il mondo intero.

Qualche giro intorno al sole, ecco quello che abbiamo… non sappiamo quanto ancora saremo qui…

Ogni istante è prezioso e mi piacerebbe che tu comprendessi quanto sia importante la tua vita, lo è per te e lo può essere per gli altri.

Ogni persona ha un ruolo importante su questo pianeta, ognuno di noi è una tessera fondamentale di questo puzzle che si chiama Vita. Solo tu hai il potere di scegliere quale tessera essere: una di quelle marginali ai lati, o una di quelle centrali e fondamentali.

L'esito della tua vita dipende solo da te: in ogni istante, puoi trasformarla in un fallimento o in un'esperienza magica e piena di significato, ascolta il tuo cuore e scegli!

Proprio in questo istante, tu stai decidendo per la tua esistenza, per tutto il pianeta e per le tue esistenze future.
Quindi...

"Connettiti al Divino, cambia la tua vita e cambia il Mondo!"

Ti auguro il meglio per la tua vita, che tu possa assaporarla pienamente, manifestare ciò che vibra in accordo con la tua frequenza più elevata, realizzarti nella gioia, scoprire ed esprimere tutta la tua bellezza Divina e brillare tutta la tua luce.

Buon Viaggio!

Con amore e Luce
Patrizia e le sue Guide

E se ne vuoi di più...

Incontri Divine Connection Live:

Se hai eseguito il metodo e ti sei permesso di vivere appieno l'esperienza, è sicuramente stata esaltante. Immagina come può essere partecipare ad un incontro dal vivo, quale energia puoi arrivare a sentire, quali meraviglie puoi vivere e come puoi accelerare nel raggiungere i tuoi risultati.

Per entrare in lista di attesa scrivi a: info@divineconnection.one

La scuola per i Divine Connector:

Questo è un progetto immenso... non posso svilupparlo da sola! Se desideri poter aiutare gli altri e avere un impatto positivo sul maggior numero di persone possibile facendo la differenza in questo mondo, iscriviti alla scuola per "Divine Connector". Potrai così apprendere tutti i segreti della DC e aiutare chi desidera ricevere supporto. Questa potrebbe diventare la professione che può cambiarti la vita.

Per accedere alle selezioni scrivi a: info@divineconnection.one.

Glossario

DC → Divine Connection: il metodo attraverso il quale rilasci tutto ciò che ti impedisce di essere chi realmente sei.

DC Point → Divine Connection Point: il punto di luce, connesso alla Fonte, al quale ti connetti insieme a tutto il Gruppo di persone che pratica la DC. Ti permette di attivare una protezione multipla, di caricarti di energia e di lanciare intenzioni molto potenti, per te e per tutto il pianeta.

Divine State: è lo stato che raggiungi praticando la DC, frutto della tua connessione con il Divino.

Campo energetico Divine Connection: è il Campo energetico che si è creato quando ho utilizzato la DC la prima volta e che contiene tutte le informazioni inerenti alla DC. Più lo utilizzi, più diventa potente e ti permette di ottenere risultati importanti e sempre più velocemente.

WB ➜ White Board: tradotto 'lavagna bianca'. È il metodo che utilizzo per fare piazza pulita, non solo di tutto ciò che è illusione, definizione o limite, ma anche di tutto ciò che può essere definito positivo. Questo ti permette di riappropriarti della tua vita e di scegliere consapevolmente ciò che vuoi davvero nella tua esistenza e cosa ti sei semplicemente adattato ad accettare.

Fonte: un altro nome per indicare il Divino, privo di ogni preconcetto e collegamento religioso.

Esseri di Luce: in questa categoria rientrano tutti gli esseri appartenenti ad altre dimensioni, che hanno vibrazioni elevate e che generalmente si prendono cura dell'umanità. Tra questi, possiamo citare Angeli, Guide, Maestri Ascesi, Divinità, Extraterrestri ed Extra dimensionali. Mentre noi tendiamo a dividere, loro, normalmente, si presentano come un tutt'uno.

Ringrazio...

Questo è stato davvero un viaggio emozionante che ho vissuto per te, grazie agli Esseri di Luce e alla Fonte, che mi hanno accompagnata nella scoperta della Divine Connection e di ciò che potevo finalmente realizzare attraverso questo metodo.

È stato un vero viaggio vissuto sia internamente che esternamente. Mentre scrivevo, lavoravo su me stessa continuando a sperimentare le rivelazioni del metodo e a condividerle ricevendo sempre risposte positive e stupefacenti.

È stato un vero e proprio viaggio, anche perché questo libro è stato scritto in viaggio. Ho iniziato a scriverlo in Malesia, poi a Singapore, in Marocco, in Spagna, sia in Andalusia che a Gran Canaria, in Bosnia, in Turchia, in Russia, in Tailandia, in Italia, in tutti gli aeroporti che ho attraversato e in volo...
Insomma, è stato un viaggio in tutti i sensi!
Ringrazio per questa esperienza, attraverso la quale ho scoperto

che il mio viaggio interiore si compie meglio in viaggio, e proprio in viaggio posso esprimerlo al meglio.

Sono grata per tutto quello che ho vissuto e attraversato per arrivare sino qui e ringrazio tutti i miei compagni di viaggio, quelli che fanno ancora parte della mia vita e quelli che l'hanno attraversata o ne hanno fatto parte.

Ringrazio tutte le persone che, consapevoli o meno, mi hanno dato uno spunto di crescita, mi hanno detto una frase che ha aperto il mio cuore.

Ringrazio tutte le persone che ho avuto l'onore di aiutare, che si sono affidate a me e che, attraverso i loro risultati e la loro trasformazione, mi hanno regalato tanta gioia e il nutrimento che ha contribuito a farmi proseguire nel mio cammino.

Ringrazio anche tutte le persone con le quali, in momenti di minore consapevolezza, ho avuto dei conflitti, perché anche loro mi hanno dato e insegnato tanto.

Ringrazio mia sorella Franca, sorella di sangue e sorella d'Anima, che mi ha accompagnata nel mio cammino terreno e spirituale, offrendomi sempre il suo punto di vista con grande autenticità, splendendo ed essendo presente come solo una vera sorella può essere. Un grazie speciale per aver messo tutto il suo amore e aver trascorso i giorni e le notti nella rilettura del libro.

Ringrazio Virginio che, con la sua pazienza, saggezza ed allegria, mi accompagna nella vita portando leggerezza, gioia e allo stesso tempo condividendo con me i momenti importanti di creazione di questo grande progetto. Primo a leggere questo libro e di grande aiuto nel renderlo più chiaro.

Ringrazio Erica, che, aiutandomi come un Angelo Custode, mi ha reso possibile scrivere questo libro e contemporaneamente portare avanti il progetto Divine Connection.

Ringrazio i miei genitori, semplicemente per essere i migliori genitori che un essere umano possa sperare di avere.

Ringrazio te per aver scelto di leggere questo libro e magari un giorno ti ringrazierò personalmente per aver contribuito a rendere questo mondo un posto migliore.

Chi è Patrizia Setteducati

Channeller naturale, ricercatrice spirituale, trainer, relatrice, scrittrice e creatrice del movimento e del metodo Divine Connection, è esperta di tecniche energetiche canalizzate con cui aiuta le persone a liberarsi da blocchi, emozioni negative, sofferenza e vuoto esistenziale.

Tiene corsi e conferenze in cui diffonde il metodo Divine Connection e insegna la riconnessione con il proprio Stato Divino naturale e l'autorealizzazione a livello terreno e spirituale.

Contattala inviando una e-mail a: info@divineconnection.one

Lo faresti?

Ti chiedo una cortesia: se il libro ti è piaciuto e ritieni ti sia stato utile, ti chiedo di postare una bella recensione a '5 stelle' su Amazon o sul canale attraverso il quale lo hai acquistato o scaricato, affinché altre persone possano venire guidate dalla tua esperienza.

Grazie di cuore.